董事会非正式等级、组织双元与公司绩效研究

吴龙吟 著

北京工业大学出版社

图书在版编目（CIP）数据

董事会非正式等级、组织双元与公司绩效研究 / 吴
龙吟著 . — 北京 ：北京工业大学出版社，2021.9（2022.10 重印）

ISBN 978-7-5639-8114-4

Ⅰ．①董… Ⅱ．①吴… Ⅲ．①上市公司－董事会－研
究－中国 Ⅳ．① F279.246

中国版本图书馆 CIP 数据核字（2021）第 203328 号

董事会非正式等级、组织双元与公司绩效研究
DONGSHIHUI FEIZHENGSHI DENGJI、ZUZHI SHUANGYUAN YU GONGSI JIXIAO YANJIU

著　　者：	吴龙吟
责任编辑：	邓梅菡
封面设计：	知更壹点
出版发行：	北京工业大学出版社
	（北京市朝阳区平乐园 100 号　邮编：100124）
	010-67391722（传真）　bgdcbs@ sina.com
经销单位：	全国各地新华书店
承印单位：	三河市元兴印务有限公司
开　　本：	710 毫米 ×1000 毫米　1/16
印　　张：	9
字　　数：	180 千字
版　　次：	2021 年 9 月第 1 版
印　　次：	2022 年 10 月第 2 次印刷
标准书号：	ISBN 978-7-5639-8114-4
定　　价：	60.00 元

版权所有　翻印必究

（如发现印装质量问题，请寄本社发行部调换 010-67391106）

作者简介

　　吴龙吟，男，山东聊城人，聊城大学商学院工商管理系讲师。山东大学管理学博士，主要研究方向为企业战略管理、公司治理。围绕研究领域发表相关学术论文多篇，参与学术课题研究多项。

前　言

在日趋复杂多变的外部环境下，如何打开董事会运作的黑箱对于公司而言显得日益重要。当前主流研究重点考察了董事会正式制度对公司治理绩效的影响，但该路径无法完全解释公司之间在董事会决策结果上的差异。本书认为，除了董事会正式制度外，董事会内部还存在着对决策效率和效果具有重要影响的隐性互动关系，当前研究较少考虑董事会成员内部个人能力和威望的差异所导致的地位差序对董事会决策的影响。源于社会学领域的群体动力学研究表明，非正式等级普遍存在于所有类型的群体中，清晰的非正式等级会导致群体成员对非正式领导者的自发服从和配合。因此，董事会的决策也势必会受到其内部非正式等级的影响。当前已有学者开始关注董事会非正式等级对公司绩效的影响，但尚未打开此逻辑黑箱，本书所做研究意在解决这一重要问题。

本书共分为六个章节。第一章：导论。是对本研究的一般性概述，重点介绍了本研究的研究背景和研究意义、研究目标和研究内容、研究思路和贯彻该思路所采用的研究方法，最后介绍本研究的创新点。第二章：研究概况。首先探讨了本研究对相关变量关系进行逻辑推导所主要依据的理论，其次对现有相关研究进行了文献回顾，最后介绍了中国文化传统中的一些特殊因素，使得中国情境下的董事会非正式等级研究更加贴合国情，更具现实意义。第三章：理论分析与假设提出。目的在于重点说明董事会非正式等级对组织双元的作用机理及二者之间关系的性质，组织双元对公司绩效的作用机理及二者间关系的性质，组织双元的中介作用，CEO权力的调节作用，环境不确定性的调节作用，以及资源约束的调节作用。第四章：研究设计。根据本研究所提出的研究假设设计合适的实证方法，对本研究采用的变量提出操作性定义和相应设定。第五章：实证结果与分析。主要通过描述性统计分析、均值中位数差异性检验、相关性分析、回归分析、稳健性检验、内生性处理等方法，对本研究的研究假设进行检验。第六章：研究结论与展望。对本研究的实证结果进行了归纳和总结，并据此提出相应的管理启示。同时，还系统梳理了本研究的局限性，以期为未来研究提供方向。

在撰写本书的过程中，笔者得到了许多专家、学者的帮助和指导，在此表示真诚的感谢。笔者水平有限，书中难免会有不足之处，希望广大同行及时指正。

目 录

第一章 导 论

本章是对本研究的一般性概述，重点介绍了本研究的研究背景和研究意义、研究目标和研究内容、研究思路和贯彻该思路所采用的研究方法，最后介绍本研究的创新点。

第一节 研究背景与研究意义

一、研究背景

在现代公司制度下，以上市公司为代表的股份制公司能否实现健康成长对于国家经济和社会可持续发展至关重要。其中，董事会是公司治理的核心，公司的有效经营首先依赖于公司董事会决策的效率和效果。可以说，任何公司经营的失败，首先源自董事会在职能履行上的失效。故而近年来，无论是国家法律层面还是实际运作层面，都越来越强调董事会运作的规范性问题。然而，作为上市公司的决策机构，在实践层面董事会并未很好地发挥预期应有的作用。现实中涉及董事会决策的错误或失误而导致的恶性事件频出，抛开时间较久的案例不论，比如，上市公司瑞幸咖啡的董事会成员虽然有着显赫的个人履历和创业经历，在外界一致看好的情况下依然发生了令人震惊的财务造假事件，且在事件发生后董事会内部又发生了围绕公司控制权的争夺；康美药业则史无前例地突破了上市公司信息披露和财务真实要求的原则底线，将账户存款虚增299.44亿这一难以置信的数字，而与虚增存款相关联的收入造假和对公司自身股价的肆意炒作，也表明这一系列恶性行为的蓄意性，作为公司重大事项决策者的董事会显然难辞其咎；康得新公司大股东的持股比例最高时也仅不到20%，却能够主导上市公司连续数年的财务造假，且在造假事件东窗事发引起舆论广泛关注后，依然能够抽逃资金并侵占上市公司及其子公司资产，在相当长的时间里，董事会其他成员无法行使公司法赋予的职权，也无法在关键事项决策上发挥有效作用。此类恶劣事件，国内外屡见不鲜，其结果毫无例外是一致的，即给公司造成毁灭性打击，使公司受到法律严惩，声誉扫地，乃至走入破产清算的境地。究其原因在于，董事会成为权力争夺和满足私欲的场所和工具，而不是创造价值的公司最高决策团队。

契约理论将董事会制度视为公司的最高决策机制，董事会制度安排对公司绩效具有重要影响。以往研究大多探讨了董事会正式结构诸如董事会规模、董事会成员过往经历、董事会成员性别比例、独立董事占比等方面对公司财务绩效的影响。然而，有学者指出，单纯研究董事会正式结构对公司绩效的影响可能会得出误导性结论。因为董事会并非"一潭死水"，虽然董事会基本特征在一段时间内整体上变化不大，但是董事会成员内部存在着错综复杂的互动过程。人们越来越多地发现，董事会成员之间隐性的互动会影响董事会制定与实施战略。在公司治理实践中，正式制度和非正式制度在影响治理绩效方面共同发挥着作用。故而，当学者们发现对正式制度的研究无法解释董事会决策效率为何低下时，逐渐将目光转移到对董事会团队内部非正式等级制度的研究。研究表明，非正式制度（如个体成员的群体地位、人际关系、任职冲突）在董事会治理过程中会发挥重要作用，进而对结果产生显著影响。在此基础上，He·J.和 Hang·Z.从董事会非正式制度中萃取了"董事会非正式等级"① 的概念，即隐含在董事会内部的基于非职位权力和个人影响力的金字塔形结构，将其作为代理变量，作为董事会成员互动的结果。

自 He·J.和 Huang·Z.提出董事会非正式等级的定义以来，逐渐吸引了学术界的关注，不少学者探讨了董事会非正式等级的治理效应，包括对董事会决策、技术创新、股价崩盘、公司违规、资本结构、公司战略等的影响。可以看出，有关董事会非正式等级经济后果的研究越来越多元化，但是，现有的董事会非正式等级研究大多还是落脚于其对公司绩效的直接影响。

当前有限研究中，仅有少数学者开始关注董事会非正式等级影响公司绩效的作用机制以及董事会非正式等级发挥作用的条件。如张耀伟等发现如果董事会非正式等级塔尖董事不兼任公司 CEO，那么董事会非正式等级的清晰度便与公司绩效正相关。而黄文锋等却发现董事会非正式等级是否影响公司绩效取决于外部

---

① 在当前该领域的研究中，关于如何界定这一概念尚没有共识，有些学者使用"董事会非正式层级"，有些学者则使用"董事会权力层级""董事会成员地位差异""董事地位差异""董事会非正式结构""董事会隐性层级"等，本研究统一以"董事会非正式等级"来阐述。

环境因素，当环境不确定性的程度较高时，董事会非正式等级便能发挥作用。谢永珍等则从机制入手，探讨董事会成员在董事会内部的等级差异，即董事会决策行为对财务绩效的影响，发现董事会非正式等级与董事会决策有效性呈倒 U 型关系，董事会非正式等级通过董事会决策有效性间接影响公司财务绩效。显然，这些研究对于理解董事会非正式等级与公司绩效之间的关系做出了重要贡献。然而，遗憾的是，当前学术界对于董事会非正式制度如何有效发挥作用缺乏充分的认识，现有董事会非正式等级治理有效性的研究尚不足以揭开董事会非正式制度运行的"黑箱"，即从"结构"到"绩效"之间的运行机制。

本研究认为，在越发不稳定的外部环境下，如何制定适应外部环境的柔性战略是摆在董事会面前的核心议题。在当前新冠疫情仍时有发生、对全球经济萧条忧虑感上升的严峻形势下，如何选择兼顾短期过渡和长远发展、当前业务稳定发展和新业务开拓创新的战略对于公司而言愈发显得重要。二者恰恰是组织双元研究所聚焦的关键内容。组织双元是公司的框架化动态能力，其核心内涵是探索，公司需要在既有资源的约束下，在探索与开发对立统一关系中将二者统筹考虑，进而做出战略选择，目的在于实现公司的长期健康发展。开发活动重在对现有产品或服务进行深耕细作，着眼于通过效率的提高而获得短期收益，但仅从事开发活动将会使公司陷入稳定的次优均衡，使公司丧失自适应能力。而探索活动注重现有最优选择之外的创新，关注未来顾客的需求，致力于长期绩效的改善，但仅从事探索活动将导致公司收益的不稳定。因此，日益复杂的上市公司成长环境，要求董事会基于公司的资源与能力并与外部环境匹配，对开发与探索的双元性做出合理的选择。大量学者均注意到组织双元对公司绩效的积极影响，因此，构建有效的组织双元成为公司董事会决策的重要目标。

事实上，董事会作为上市公司的最高领导团队，对上市公司的决策行为会产生重要影响。在"友好型董事会"观点下，董事会在战略管理中的作用主要包括监督、评价、影响、引导等，董事会的战略参与积极性将有助于改善公司绩效。奥赖利和塔什曼通过调查发现，公司可持续发展离不开组织双元。换言之，公司一方面需要强化现有主营业务，从中取得稳定现金流；另一方面需要杠杆性地利用主营业务背后的核心能力，进行探索性战略决策，使新的战略行为在形成伊始就具备一定程度的竞争优势。这种能力就是以探索和开发为核心内涵的组织双元，组织双元是实现公司长期健康发展的题中应有之义。按照奥赖利和塔什曼的观点，组织双元的实现从根本上是公司最高领导层决策的产物。董事会决策机制在一定程度上受制于董事会内部的层级结构，若董事会缺少良好的治理文化、清晰的董事会非正式等级，会导致董事会议事效率和效果显著降低，从而无法在权衡利弊的基础上对开发与探索双元战略做出合理的选择，甚至会导致董事会决策出现重大失误。而当董事会存在高度清晰的非正式等级时，上层董事可凭借非职位权力（战略专长权力）将战略意图贯彻到董事会战略决策中。

因此，本研究认为，董事会非正式等级有可能通过组织双元来作用于公司绩效。因此，本研究构建了"董事会非正式等级—组织双元—公司绩效"的研究框架，试图研究组织双元在董事会非正式等级影响公司绩效中所发挥的中介效应，进而打开董事会非正式等级影响公司绩效的黑箱。首先，若 CEO 长期在位，便会形成以其为核心的公司重大事项决策团队，他便有条件充分利用权力和信息不对称优势为自身团体牟利。其次，作为重要条件，环境不确定性会对公司组织双元的培养产生重要影响，环境如何与公司资源或能力相耦合是处于激荡环境中的公司需要考虑的重要问题，基于此，本研究将环境不确定性作为调节变量考察其对组织双元前后置因素的作用。最后，由于资源约束影响公司对资源的获取，公司是否做出双元性决策，以及探索与开发决策的良好实施均对公司资源柔性提出了很高的要求。有学者将公司可获取的资源分为一般性资源和稀缺性资源，并认为二者均会影响公司的战略决策，其中稀缺性资源能在更大程度上决定公司的探索行为。由此可见，资源的可获得性会在相当程度上决定公司组织双元的外在体现，因此本研究将考虑资源约束对董事会影响组织双元与组织双元影响公司绩效的调节效应。

二、研究意义

本研究将在中国文化和制度情境下进一步深化董事会对公司绩效的影响机制研究。在现有研究的基础上，本研究以"地位特征理论"为基础，考察了董事会非正式等级如何塑造组织双元，进而影响公司绩效。此外，本研究还对主效应的边界进行了定位，进一步研究了 CEO 权力、环境不确定性和资源约束如何调节主变量间的关系，为董事会非正式等级影响公司绩效的研究提供了新的思路和视角。本研究所表达的主要观点是，董事会非正式等级会通过董事会互动过程决定公司的战略决策，进而影响公司绩效。董事会非正式等级越清晰，相对于中下层董事，非正式等级上层董事的战略能力相对就越强，在董事会互动过程中上层董事对战略事项的见解得到的配合和响应程度就越高，由此董事会互动的效率就越高。基于此逻辑链条，本研究对于完善上市公司董事会治理具有重要实践意义。

首先，本研究深化了对董事会非正式等级到公司绩效之间逻辑链条的认知。以正式结构或人口变量等因素为主的传统董事会研究过度依赖于代理理论，且不能充分说明董事会行为。He·J.和Huang·Z.从社会群体视角出发，探索了董事会非正式等级对公司绩效的影响。本研究拟从董事会的战略参与角度出发，着眼于董事会群体属性并在地位特征理论的支持下，赋予董事会非正式等级战略职能作用。考虑到组织双元是董事会战略决策赋予公司管理层的动态能力，本研究将其作为中介变量以破解董事会与公司绩效的黑箱，从而丰富了对董事会与公司绩效间关系的认知，使二者之间的逻辑链条更加系统、合理。

其次，本研究提出了现有董事会研究路径的补充性方案。主流董事会研究从正式结构、资本或人口变量出发，探讨其对公司绩效的直接影响，得出了很不一致的结论。虽然近年来学者们引入"行为"因素作为中介变量使之更为合理，但委托代理理论的支配性地位仍使董事会行为过程的重要性被忽视。本研究发展了He·J.和Huang·Z.的研究，为弥补将董事会非正式等级与公司绩效直接联系所存在的逻辑缺失，引入组织双元作为中介变量更为科学，该研究路径或可作为主流董事会研究路径的有力补充。

再次，本研究拓展了组织双元的前因变量研究。现有的组织双元前因变量研究着重于文化和结构两方面。但从根本上讲，决定组织双元具体形式的是公司的战略决策层。作为公司的战略决策群体，董事会对公司的文化、战略、结构及运行等方面起着决定性作用。本研究拟从公司治理层面探讨董事会在何种条件下有助于公司强化组织双元，以便公司在最高层面有的放矢地进行组织双元建设，这有助于组织双元的前因变量研究往高处和深入拓展。

最后，本研究有利于帮助上市公司构建有效的董事会决策团体。第一，对于董事会非正式等级的研究有助于公司更好地进行双元化决策并执行。公司战略决策者应清楚地意识到，好的战略决策必定有助于组织提升处理当前活动与未来发展的关系的能力。为此，董事会应该有意识地围绕战略问题关注并重视董事会内部的非正式等级。在该过程中，需注意董事会内部的等级差距是相对的，应有意识地将具有较强能力的人士纳入董事会，而非盲目进行大量的成本投入，去打造"全明星"式的董事会。第二，由于董事会非正式等级的潜在重要作用，公司应充分重视和培育有助于其形成的各种渠道。自发建立的等级来源于群体成员对彼此的认知，由于董事会内部的正式沟通和交流是通过董事会会议进行的，而董事会会议的任务主要在于议事和表决，而且具有召开时间短、每年召开的次数很有限等特点，因此董事会非正式等级的清晰度主要依赖于董事会成员间的其他沟通渠道,如总裁办公会和各种场合的非正式沟通等。基于上述内容,公司在关注董事会非正式等级之余,还须为培养这种非正式等级创造渠道条件。概括而言,本研究对于改善我国上市公司董事会治理效率,优化董事会治理绩效有一定的借鉴意义。

第二节 研究目标与研究内容

一、研究目标

本研究以 2012—2019 年深市中小板民营上市公司为研究对象,并考虑中国文化传统中的某些特质,系统考察董事会非正式等级对组织双元的作用以及组织双元对公司绩效的影响,在此基础上探讨组织双元在董事会非正式等级影响公司绩效的关系中所发挥的中介效应,以期深化对董事会非正式等级到公司绩效之间逻辑链条的认知,从而打开董事会非正式等级影响公司绩效的黑箱,为理解上市公司董事会决策行为提供新的理论依据。另外,本研究还将考察董事会非正式等级发挥作用的情境,深入探讨 CEO 权力是否会影响董事会非正式等级对公司双元化决策的作用,为了更好地理解公司董事会和 CEO 之间的互动位势和权力安排提供新的理论解释。最后,本研究将考察环境不确定性与资源约束对董事会非正式等级影响组织双元以及组织双元影响公司绩效的调节效应,期望揭示影响组织双元中介作用发挥的重要因素。对环境不确定性的研究以期揭示公司应当在外部环境发生变化时如何适时调整探索和开发的决策比重。对于资源约束的研究以期揭示公司应当如何利用可获取资源制定双元化决策,以实现公司发展。本研究的逻辑框架如图 1-2-1 所示。

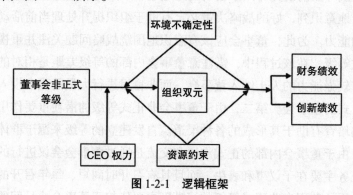

图 1-2-1 逻辑框架

二、研究内容

根据本研究逻辑框架，本研究主要系统研究以下问题：

第一，董事会非正式等级是否会影响组织双元。本研究以文本分析的方法构建组织双元的衡量指标，在此基础上检验董事会非正式等级是否影响组织双元的形成。

第二，组织双元是否影响公司绩效。本研究将公司绩效分为基于会计利润的财务绩效和作为公司健康发展重要条件的创新绩效，分别检验组织双元是否会对二者产生影响。

第三，组织双元是否在董事会非正式等级影响公司财务绩效和创新绩效的关系中发挥中介效应，且探讨分析该中介效应是完全中介效应还是部分中介效应。

第四，CEO 权力是否会影响董事会非正式等级与组织双元的关系。由于权力过大的 CEO 可能会影响董事会的决策制定，故进一步考察 CEO 权力对董事会非正式等级与组织双元关系的调节效应。

第五，环境不确定性是否会影响董事会非正式等级与组织双元的关系，以及是否影响组织双元与公司绩效之间的关系，即环境不确定性如何影响组织双元的中介效应。

第六，资源约束是否会影响董事会非正式等级与组织双元的关系，以及是否影响组织双元与公司绩效之间的关系，即资源约束如何影响组织双元的中介效应。

第三节　研究思路与研究方法

一、研究思路

本研究遵循"问题提出—理论分析—实证检验—对策建议"的思路，首先对实际问题展开分析，指出本研究的必要性并确定主要研究变量，然后结合所选理论的基本观点对本研究的主要变量及其关系进行逻辑推导和机理分析并提出研究假设，进而针对研究假设用科学的实证方法进行检验，最后得出研究结论。具体如下：

第一，归纳整理与本研究主题相关的国内外文献，找出目前研究领域所存在的不足之处，奠定本研究的研究基础。

第二，综合运用委托—代理理论、关系契约理论、地位特征理论和需求层次理论等，分析董事会非正式等级与组织双元的逻辑关系、组织双元对公司绩效的作用机制，以及中介和调节效应的影响。

第三，根据以往相关研究，并基于可获得性、合理性等原则对相关研究变量的衡量进行设计，并借助温忠麟和叶宝娟的中介效应检验程序对本研究的主要假设进行实证检验。

第四，采用描述性统计分析、相关性分析、均值中位数差异性检验、回归分析、Heckman 两阶段备择模型、工具变量法、固定效应模型等方法实证检验董事会非正式等级、组织双元与公司绩效之间的关系，以及 CEO 权力、环境不确定性和资源约束所发挥的调节效应。

第五，根据本研究的实证结果并结合现实需要，提出利用董事会非正式等级来构建公司组织双元进而提升公司绩效的相关建议，并指出未来的研究方向。

二、研究方法

本研究主要采用规范研究法与实证研究法。其中规范研究法主要包括文献研究法、归纳法和演绎法。实证研究法主要包括描述性统计分析、相关性分析、均值中位数差异性检验、多元回归分析、Heckman 两阶段备择模型、工具变量法、固定效应模型。

（一）规范研究法

本研究通过文献研究法与归纳法阐明了研究背景并指出研究意义，并围绕研究目标提出了研究思路、方法及创新之处；通过文献研究法搜集、鉴别、整理董事会非正式等级、组织双元与公司绩效的相关文献及基础理论，从而掌握有关董事会非正式等级与组织双元的前沿性研究，了解目前已经取得的主要成果，为本研究的开展做了良好的铺垫；在掌握现有相关文献的基础上，通过归纳法选择适用于开展本研究的委托—代理理论、地位特征理论、关系契约理论、需求层次理论等，并依托现有研究成果，对董事会非正式等级、组织双元与公司绩效的逻辑关系进行推演，从而形成科学合理的理论框架体系。

（二）实证研究法

本研究通过收集整理上市公司财务数据、董事会非正式等级数据及基于文本分析得到的组织双元数据，对推导得出的研究假设进行实证分析。采用描述性统计分析、相关性分析、均值中位数差异性检验、回归分析方法对董事会非正式等级、组织双元与公司绩效的关系进行实证检验，并对本研究可能存在的样本自选择问题采用 Heckman 两阶段备择模型进行修正，对于变量之间由于互为因果关系所导致的内生性问题采用工具变量法进行解决，对于本研究存在的因遗漏不随时间变化的个体因素所导致的内生性问题，则采用固定效应模型进行控制。具体的研究思路和研究方法应用见图 1-3-1 的技术路线图。

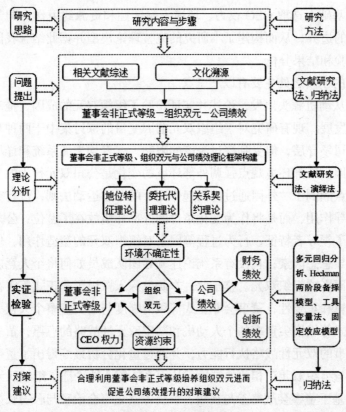

图 1-3-1　技术路线图

第四节　研究创新

在深刻理解组织双元是公司长期健康成长的必要条件的既定事实后，本研究从这一关键动态能力出发，进一步向源头拓展以探索其成因。鉴于无形的组织双元在实践中体现为公司一系列有形的战略性举措这一特点，本研究将公司战略事项的决策团队，即董事会作为解释变量的来源。从董事会的特殊性出发，通过反复对比董事会正式结构与董事会非正式结构的特点、影响与研究现状，本研究推断，作为董事会内部隐性的权力分配制度，非正式等级与董事会正式等级在机制作用上相互补充的同时，必然会对董事会战略决策持续产生影响，从而与组织双元存在某种性质上的直接关系。因此，本研究最终选择将董事会非正式等级作为研究的解释变量，确立了"董事会非正式等级—组织双元—公司绩效"的逻辑主线，并在此基础上选取 CEO 权力、环境不确定性和资源约束作为调节变量，以考察主效应的边界，从而构建了本研究的完整理论模型并据此结合我国情境特点进行实证检验和结果分析。

本研究的创新之处主要有以下三点。

第一，从动机源头出发，论述并实证检验了组织双元的成因，推动组织双元研究向纵深发展。现有研究对于组织双元前因变量的探讨集中于两种观点，即外部环境和公司领导层，但受到探讨深度的限制，二者均未能系统和详尽地阐述组织双元的成因。外部环境观点强调外部环境的变化是公司双元行为的主要推动因素，这种观点颠倒了"外因通过内因起作用"的矛盾运动法则，没有突出公司内部因素的主导作用，而是将作为变化条件的外部环境放在了首位；公司领导层观点虽然考察了领导者特征、行为过程等因素对组织双元的塑造作用，但忽视了更深层次的指导思想因素，且没有系统论述领导团队成员如何将个人意志上升为公司决策，进而影响组织双元。鉴于此，本研究深入探讨了非正式等级在董事会内部的形成逻辑和重要性，董事会非正式等级清晰度与塔尖董事个人权力的关系，董事会非正式等级塔尖董事的个人动机和制定双元性战略的意愿，董事会非正式等级塔尖董事的双元性战略执行能力，并通过量化分析最终得出了董事会非正式等级清晰度与组织双元正相关的结论，从而系统深入地论证了组织双元的成因。

第二，基于董事会战略参与视角，系统考察董事会治理与公司长期成长的关系，将组织双元纳入董事会治理研究的理论体系中。针对当前的公司治理，学术界虽然已有少量文献探讨了董事会对公司双元性事项的影响，但其内容基本限于对涉及公司探索或开发行为在某一方面具体应用的研究，且大多围绕双元创新，并没有在宏观层面上聚焦组织双元的根本价值，即实现公司的长期健康成长。董事会对股东大会承担受托责任，对全体股东负责①，而不同类型股东的投资诉求也存在着显著差异。一般而言，中小股东大多关注资本的保值增值和稳定的分红；

---

① 《中华人民共和国公司法》（2018 修订）第三十六条规定，"有限责任公司股东会由全体股东组成。股东会是公司的权力机构，依照本法行使职权"；第四十六条规定，"董事会对股东会负责"；第九十八条规定，"股份有限公司股东大会由全体股东组成。股东大会是公司的权力机构，依照本法行使职权"；第一百零八条规定，"本法第四十六条关于有限责任公司董事会职权的规定，适用于股份有限公司董事会"。

而以机构股东和大规模持股投资者为主体的股东群体由于所投入的资金量庞大，通常作为公司的长期投资者，要求公司不断地超越现有竞争优势、创造新的价值增长点，以保证在长期持股期间取得丰厚的投资收益。因此，在公司治理实践中，称职的董事会不仅应该关注公司日常经营中的具体问题，还要统筹全局，时刻秉持忧患意识，做好公司的舵手，在公司使命和战略高度上为公司长远发展指明方向，通过一系列战略性决策把握当下、布局未来，并选聘和组建与之相对应的高层管理团队以推动决策的执行。这不但与组织双元的基本内涵不谋而合，也符合最高领导团队是组织双元的充分条件这一要求。基于此，本研究从董事会非正式等级出发考查其对组织双元的影响，这同时也是以组织双元为立足点，反向推导归纳称职的董事会所应具备的根本属性的过程。由此，本研究丰富和深化了董事会治理理论体系。

第三，构建了"董事会非正式等级—组织双元—公司绩效"研究框架，丰富了现有"董事会非正式结构—行为—绩效"范式。董事会治理的研究范式始于"董事会正式结构—公司绩效"，研究者多依据委托—代理理论、高阶梯队理论等来解释董事会正式结构，如独立董事占比、董事会男女性别比例、董事会专业委员会健全度等因素对公司绩效的影响，但由于该范式忽略了公司管理层这一公司实践中最重要的内容，在逻辑推导上存在明显的理论缺陷，因而研究者将管理实践纳入其中，将其发展为"董事会正式结构—公司行为—公司绩效"范式，以弥补前者的不足。然而，由于董事会正式结构研究所依托的是董事会及其成员的直接可观测变量，其背后的逻辑基础依然是传统的经纪人假设，很少考虑现实中人的社会属性，此外，公司董事是高层次需要者，相对更加适宜以 Y 假设来判定其行为。因此，研究者提出"董事会非正式结构—公司绩效"和"董事会非正式结构—行为—绩效"范式，从社会群体的角度考查董事会内部互动过程，由此调和了经济人假设与社会人假设的对立关系。基于此，本研究进一步构建了"董事会非正式等级—组织双元—公司绩效"研究框架，探讨董事会非正式等级如何通过组织双元最终影响公司绩效，并引入环境不确定性、CEO 权力和资源约束作为调节变量以探讨其作用边界，从而丰富了现有董事会非正式结构研究范式。

第五节　本章小结

众多研究关注了董事会正式结构在董事会治理中发挥的作用，但是哪些董事会因素能够在根本上左右董事会决策过程仍是"见仁见智"。人力资源领域的研究认为，团队中权力和地位差异的存在会导致形成一定的权力层级，进而影响团队绩效。一般来说，等级制度的存在一方面会导致团队成员间的过度竞争和冲突，损害团队绩效，另一方面，等级制度可以通过提高清晰度和协调性来提高团队绩效。

　　本章从董事会战略参与视角，明确了董事会成员间非正式互动对董事会决策的重要性，概述了董事会非正式等级研究的理论价值，认识并突破了传统的正式结构研究，关注董事会成员之间的互动关系，以及这种关系对董事会战略决策的影响及对公司组织双元的影响，最终落脚于公司绩效。这一研究过程一方面完善了董事会战略参与的文献内容，另一方面完善了"结构—行为—绩效"的逻辑链条，因此具有重要的理论和实践意义。在此基础上，本章简述了本研究的目标、主要内容等，并突出规范研究和实证研究的具体应用场景。此外，本研究对现有的董事会非正式等级、组织双元和公司绩效研究进行文献回顾，并基于已有的研究成果，对核心概念进行定义，以便进一步提出研究假设。

第二章　研究概况

本章为研究概况。该部分首先探讨了本研究对相关变量关系进行逻辑推导所主要依据的理论，主要包括委托—代理理论、关系契约理论、地位特征理论，这也是本研究机理分析的理论基础。其次，对现有相关研究进行了文献回顾，主要从董事会治理与公司绩效、董事会非正式等级与公司绩效、董事会非正式等级的其他经济后果以及组织双元研究动态四个方面对现有文献进行了系统梳理，从而为本研究的必要性与创新点的提出奠定了基础。最后，介绍了中国文化传统中的一些特殊因素，使得中国情境下的董事会非正式等级研究更加贴合国情，更具现实意义。

第一节　理论依据

一、委托—代理理论

一般而言，公司治理研究关注公司重要利益相关者之间的多方兼顾，股东是公司的核心利益相关者，不同类型的股东群体的组合便形成了公司的股权结构。为满足股东利益，公司治理研究必须优先考虑股权结构问题。通过梳理以往研究可以发现，股权结构的不同会产生两类不同的委托—代理问题。第一类是传统的委托—代理问题。在英美上市公司中，股权极度分散带来所有权和控制权之间的严重分离，公司的核心权力被掌握在管理层手中，这便会产生股东（委托者）和管理层（代理人）之间的委托—代理问题。然而，传统的委托—代理理论更多是建立在股权分散的基础之上，事实上，后续的诸多研究发现，除了英美之外，欧洲国家、东亚国家等多数国家的公司股权是相对集中的。这也会产生相应的委托—代理问题，后者存在的问题甚至比前者更为严重。这便产生了双重委托—代理问题，这是第二类委托—代理问题。

传统的委托—代理理论探索的是在股权分散的情况之下，由于股东普遍持股率很低，在公司经营中缺少知情权，因此公司管理层通常便掌握这大量为股东所不知的信息，从而有充分条件从事机会主义行为。为了保护自身的利益，股东唯一能做的便是卖出手中的公司股票。此时，公司治理的核心在于如何设定一套制度，以规制公司管理层的机会主义行为。詹森和梅克林对此做了开拓性研究，他们率先提出委托—代理理论，并系统阐述了代理成本问题。

在詹森和梅克林看来，公司的委托人，即股东，为了抑制公司经理人从事机会主义行为，需要为公司经理人支付高昂的工资，以及采取适当的措施对其进行监督等，种种成本都被计入代理成本。除此之外，由于对公司业务和公司发展的认知存在差异，公司经理人的决策未必符合委托人的预期，由此给委托人利益造成的损失也被计入代理成本。

然而，传统的委托—代理理论并不能全面地说明公司存在的代理问题，特别是在股权集中度较高的公司中。在股权分散的情况下，委托—代理的主要矛盾点在于如何使代理人服务于委托人的利益与效用，股东之间的利益基本一致；而在股权集中的情况下，存在双重委托—代理关系，也就是机构股东、大股东与中小股东之间的矛盾，以及股东与公司经理层之间的矛盾。由于一般大股东往往具有任命管理层的决策权，大股东事实上和管理层一起演变成内部人。因此，在股权集中度较高的公司内部，产生于机构股东、大股东与中小股东之间矛盾的代理问题便集中凸显。这一类代理问题在现实中受到了研究者和从业者的高度重视。

在双重委托—代理理论框架中，应该优先考虑董事会治理问题。原因在于，董事会作为公司治理的中枢，为全体股东的利益负责，且作为公司的战略决策群体，有义务通过决策的制定和执行来限制公司管理层的机会主义决策，并通过履行监督职能在一定程度上控制公司经理层的行为并保证所制定的战略决策的有序推进。

二、关系契约理论

古典契约理论认为市场仅具有交易性质，与过去和未来的所有关系都相分离，交易者之间除了单纯的交易之外不存在任何其他关系，交易标的是短期的、特定的，且仅限于特定时间点的交易内容，任何不可抗力事件或冲突都通过外部法律规则解决，合同的终止与商品本身的交换有关。

麦克尼尔认为，古典契约并不足以解释复杂社会中的交易机制，因为其没有在一定程度上考虑到所有交易中存在的关系成分。基于此，他提出了关系契约理论，认为除了正式契约外，契约也可以是非正式的，它产生于交易双方的信任关系，并在这种关系的基础上在心理上约定交易双方应共同遵守的条款和法则。

关系契约理论的主要观点包括以下内容：关系契约的建立依赖于两个人之间的信任，而这种信任的建立需要交易双方彼此熟悉且能在一段时间内长期交往，一旦信任机制在两者之间建立，便不再需要依靠正式的法律制度和交易规则对交易行为进行制约。交易双方的利益维护主要基于彼此之间的信任、社会交往等特殊机制，这种长期建立起来的信任关系能够帮助交易双方降低违约风险与交易成本。

同时，由于交易双方在交易标的上存在着信息不对称，且目标函数也存在差异，因此，双方制定条款完善的正式契约是不可能的，理性的交易双方会理解这一点并在交易的履行上保持相当的变通。在这种情况下，交易双方契约的建立便取决于交易双方对未来交易持续性的评判，而不将正式的规范、条款作为标准。所以，在存在未来持续交易的条件下，从根本上决定关系契约持续的关键在于交易双方是否存在信任关系，以及能否在存在信任的基础上遵守非正式的约定，这也是关系契约理论的核心所在。在关系契约中，信任的价值并不单单在于维护了道义，还在于它为交易双方在心理上都提供了安全感和尊重，为交易双方在利益获取上提供了无形的保证。在信任的激励下，交易双方有充分的动机去追求这种安全的交易并努力维护自身的声誉。因此，基于信任的关系契约会大大降低交易双方彼此之间从事机会主义行为的可能性。由此可见，关系契约的价值在于维护交易关系的长期性，当社会环境不稳定性较强的情况下，关系契约的价值尤为凸显。

关系契约理论在中国传统文化背景下其价值更为凸显，众多的传统文化研究者均指出了基于信任的关系在维护宗族、企业、商帮等各类社会组织方面的重要性。与此相对应，这些社会组织和团体也经常运用非正式的关系契约来解决各类问题。

董事会作为小规模的群体，成员之间也保持着较为长期的交换关系，故而本研究拟将关系契约理论运用到对董事会的分析中，有利于加深对董事会治理机制的了解。董事会治理的诸多文献表明，董事会正式结构并不能很好地解释董事会决策有效性的产生过程，那么，自然就有必要去考察董事会非正式结构的运作机理，而董事会成员的沟通互动则是董事会非正式结构的关键内容。从董事会战略参与视角审视，作为公司的最高领导团队，董事会决定公司发展的方向，决定着公司主要资源的调集和分配，一旦做出错误的战略决策，其对公司发展的致命影响不言而喻。然而，关于董事职能的具体工作描述常常是笼统和模糊的，缺乏相应的规则和程序来对之进行有效引导，这就需要董事之间在董事会会议前围绕主要议题进行长时间的沟通。由于董事会成员通常代表着不同股东群体的利益，对各自代表的股东群体负责，因此他们理想中的决策目标势必会经常不一致，若没有相应的非正式契约的调节，难免不能达成一致。此时，关系契约的重要性便得到了充分的凸显，若在董事会成员中存在基于信任的非正式的规则，那么，董事会成员便有意愿围绕议题进行开诚布公的充分讨论，能够聚焦公司整体利益而非小群体利益，最终经过反复博弈取得最优解。基于此，本研究选择关系契约理论作为基础理论，用以分析董事会成员的互动过程及其对董事会决策的影响。

三、地位特征理论

根据韦伯的观点，组织地位是一种社会性的构念，表明了各个主体一致接受的某个组织在社会系统中的等级排名。地位本质上反映了个体在群体中的声望、受到的尊敬和影响力，已经被证实是人类的一种基本需求。

地位与权力不同。在组织中，地位通常是非正式的组织等级，是其他成员赋予的等级排序，而权力则是组织赋予的正式等级。地位更多是来自其他成员的评价，如果得不到其他成员的尊重和钦佩，也就得不到地位。而权力是行为人所拥有的，不论其他成员是否认可，高权力个体都可以对组织有价值的资源进行不对称的控制。

早在 100 多年前，社会学家齐美尔就指出："与某人打交道的第一个条件是必须知道与谁打交道。"虽然可以从对特定个人的直接了解中知道必须与谁打交道，但齐美尔观察到，人们也可能从对其地位类别的了解中知道必须与谁打交道。在这一论断提出的 20 年后，帕克接受了互动的概念，他认为，一个人在遇到另一个人的时候，可以根据年龄、性别和种族等身份类别，将另一个人分类，归因于与他的社会类型相关的其他特征。

针对帕克的"互动"概念，学者们研究了社会中的一些典型现象。发现精神病医院职业等级中的职位决定了查房的参与率，病房管理者比住院主任参与得多，住院主任比其他住院医师参与得多，最消极的住院医师比最积极的护士参与得多。托伦斯针对机组人员的研究发现，B-26 机组的位置决定了对集团决策的影响——飞行员更能影响决策，即使飞行员的意见在客观上是错误的，也被认为是正确的；

即使集团的任务与B-26机组人员的活动无关，飞行员的意见也被认为是正确的。这些发现仅在1950年至1965年就在10多项调查中得到了验证。

布劳在其经典著作《社会生活中的交换与权力》一书中，也对社会交换中非正式地位的形成进行了深入的探讨。布劳认为，社会交换是个体在自愿前提下期待能从他人那里取得目标报酬而产生的内在自我激励行动。在工作群体的交换关系中，缺乏经验和能力的成员对专家咨询构成了交换资源，提供咨询的专家获得了尊敬，而接受咨询的则要选择服从。由于不完全竞争和信息不对称会造成交换不能完全按照互惠和公平的比率进行，故而相应地就会产生地位的分化，地位的分化就会造成权力的产生。这为后续研究者从社会交换的视角来理解地位差异提供了重要参考。

在此基础上，博格则尝试提出地位特征理论来解释上述现象，并提出了四个前提：规定地位组织过程发生的充分条件，明确什么是地位特征决定行为，明确地位特征决定什么样的行为以及地位特征决定行为的过程。通过构建相关理论模型后发现，在一定条件下，地位要素可以成为组织权力和威信在集团内分配的基础，给定关于相关特征的信息，即使信息不一致，受试者也会将这些信息结合起来，建立一个权力和威望的层级结构，将不一致的个体置于那些始终处于高位的人和那些始终处于低位的人之间。地位特征理论从此成为专业术语进入学术研究领域。

根据地位特征理论，地位反映了人们对某一个体可能为团队做出贡献的预期的大小，反映了个体在群体中的声望、受到的尊敬和影响力。一个地位相对较高的人，会获得来自团队成员更多的尊重和顺从，其意见和想法也更容易被团队内的成员所接受。而且其在团队中发表言论时，往往会得到更多正面反馈，而不会担心受到忽视或者被其他成员拒绝。相对于地位较低的个体而言，高地位者往往拥有更多资源和能力，因此能够在团队决策中发挥更大的作用。

在团队工作的情境下，根据地位特征理论，个体的地位特征影响着自己和他人对其能力所持有的信念或评价，团队成员的地位高低取决于其为团队所做的贡献以及能力。虽然在工作团队中每个成员均会有明确的工作职位和职权，但是由于每个人在团队中的特质以及表现不同，那么在团队的互相交流中会不自觉地形成非正式的地位差异。

与按照明确等级划分而形成的正式地位不同，非正式地位往往基于个体对自己以及他人的行为感知，并无明显的制度安排，它是一种居于社会互动、社会关系之中的认可。非正式地位反映了个体作为团队一员，对团队工作的重要性高低、可获得资源的多寡以及对团队决策影响的大小。已有研究发现非正式地位对个体行为具有重要的预测作用，例如工作绩效、知识分享、员工创造性产出等。由此，非正式地位的存在可增强高地位者对自己的信心，从而使其能够利用自身的能力和影响力为所在群体积极地献计献策，争取更多的资源，进而推动组织的成长。同样，董事会作为一种团队，其内部也会形成一种非正式的等级结构。这种非正式地位会对董事会决策产生重要影响。

第二节　相关研究进展

一、董事会治理与公司绩效

董事会作为公司重要的决策机制，在公司治理中发挥着重要作用。作为公司最高决策层，董事会负责监督管理层的行为以降低代理成本，同时对公司重要项目负有决策审议责任，并且有义务利用自身所拥有的社会资源为公司谋发展。关于董事会在公司治理中的作用，学者们进行了广泛研究，均认为董事会决策能力能够对公司绩效产生重要影响。早期关于董事会的研究主要关注董事会的整体结构，从董事会的表面特征出发来考察，学者们研究了董事会规模、董事会独立性以及董事会成员持股对公司绩效的影响，但未能得出令人满意的结论。

在中国，许多上市公司董事会规模以及独立董事比例往往以恰好满足证监会要求为标准，因此即使两个拥有极其相似董事会结构的公司也可能表现出完全不同的绩效。所以在考察董事会特征对公司绩效的影响时，已不能单纯关注董事会的基本结构表征，需要深入董事会内部来考察其中的潜在影响因素。大量学者研究了董事会履职行为（投票、出席会议等）和董事会人口统计特征（年龄、性别、背景、社会资本等）在公司治理中的作用，尝试打开董事会影响公司绩效的黑箱。但是董事会的决策往往不是仅由单个董事会成员决定，董事会的决策制定是董事会成员相互博弈、思想碰撞的群体行为，多数学者忽略了董事会个体声望、社会地位、兼职等背景的不平衡性对群体决策产生的影响。事实上，即使在董事会成员的选拔过程中，潜在董事的专业知识、社会资本和声誉资本等也往往被更多地看重，这些方面展现得越高，越有可能被任命为董事。在成为董事之后，这方面会展现得更为突出。具有较高地位等级的董事基于个人能力和影响力，较易赢得低地位等级董事的尊敬和认可，从而提高了决策效率。学者们用董事会非正式等级这一专业术语来对这一现象进行描述，取得了初步的研究成果。接下来本研究将按照学术界对董事会研究的先后顺序，即董事会结构、董事会行为、董事会成员统计特征三个方面展开董事会治理与公司绩效的相关文献回顾。

（一）董事会结构与公司绩效

1.董事会规模的相关研究

科普顿和洛施研究了董事会规模与公司绩效之间的关系，发现较大的董事会规模阻碍了董事会成员的交流与沟通，从而限制了董事会的监督职能，使公司表现出较差的公司绩效，因此应当对董事会规模进行有效控制。杜勇等研究了农业类上市公司的董事会规模、投资者信心与公司绩效的关系，发现较大的董事会规模降低了投资者信心，进而使公司表现出较差的绩效，其研究结论也支持董事会规模过大会导致监督失效的观点。萨拉和皮尔斯的研究则与上述结论完全相反，他们认为，较大的董事会规模能够形成对管理层的有效监督，从而极大降低了管理层的代理成本。江永众和熊平的研究结论与萨拉和皮尔斯的相同，他们发现较大的董事会规模能够提高决策质量，从而提高了公司整体的治理效果。刘家松等研究了外资银行参股、董事会特征与经营绩效的关系，发现商业银行引入外资后，董事会规模和董事会会议频率均与经营绩效之间存在显著正相关关系。于东智和池国华的研究结论则是上述两种研究的综合，他们发现，董事会规模与公司绩效之间呈倒"U"型关系，即在拐点之前，随着董事会规模的增大，公司绩效逐步提升，当经过拐点之后，董事会规模过大所带来的种种问题会使公司绩效出现滑坡，因此，公司存在最优的董事会规模。曲丽清的研究也支持倒"U"型这一观点。郝云宏和周翼翔的研究支持无关论，他们发现无论是从长期看还是从短期看，董事会规模均无法影响公司绩效。因此，董事会规模影响公司绩效的观点存在四种：正相关、负相关、倒"U"型以及无影响。

2.董事会独立性的相关研究

学者们对于董事会独立性的相关研究观点各异，主要有三种：不相关、正相关、倒"U"型。巴加特和布莱克发现那些绩效较差的公司在聘请更多的独立董事进入董事会之后，公司绩效并未得到显著提升，那些拥有更高比例独立董事的公司并未表现出更好的绩效。郝云宏和周翼翔也支持此观点，他们发现在当期，董事会独立性并不能影响公司绩效，但两者的关系存在跨期性。独立董事数量的增加并不必然有利于公司绩效提升，但公司绩效的提升反过来导致董事会独立性的降低。与此相反，帕坦等探讨董事会规模与独立董事对泰国地方商业银行绩效的影响，结果显示，泰国银行董事会规模与其经营绩效呈显著负相关。此外，独立董事在银行董事会中所占比例与绩效之间存在显著的正相关关系。博霍克斯等也发现董事会独立性可以提高公司的技术效率，当公司在执法程度较高的国家经营时，独立董事对效率的积极影响更大。李竞成和赵守国发现独立董事与公司绩效之间呈现倒"U"型关系，同董事会规模的研究类似，独立董事人数也存在一个最佳的范围，在此范围之内才会有利于公司绩效的提升。

3. 董事会持股的相关研究

关于董事会持股的经济后果，学者们也尚未达成一致意见。莫克等研究发现董事会持股比例与公司绩效的关系呈现非线性特征。张小宁发现董事会持股能够增强对董事会成员的激励作用，从而促使董事们更好地履行其职责，最终提高公司绩效。巴加特和博尔顿研究了《萨班斯－奥克斯利法案》对公司治理与公司绩效关系的影响发现，2002 年前董事会独立性与经营绩效之间存在显著的负相关关系，而 2002 年后董事会独立性与经营绩效之间存在显著的正相关关系，并且提出了一种治理措施，即董事会成员持有股份。邹海亮等发现连锁董事、董事会规模以及董事独立性均能正向影响公司绩效，但当考察董事会持股时，发现其对公司绩效产生了负面影响。

（二）董事会行为与公司绩效

在早期研究中，由于社会呼吁上市公司列席更多的独立董事于决策团体中，许多学者研究了董事会独立性与公司绩效之间的关系。但是自从 2004 年深圳证券交易所要求上市公司向公众披露独立董事对议案发表的意见后，学者们采用了新的视角，即从董事会具体的履职方式来考察董事会治理的有效性。刘桂香等发现，独立董事在大多数情况下并不会对董事会议案发表意见，但是当公司绩效下滑时，独立董事会公开质疑管理层行为，通过投票制度影响管理层的决策，最终影响上市公司的董事会治理水平。祝继高等将非控股股东董事与独立董事的监督效果进行对比，发现相对于独立董事，非控股股东董事更可能会投出反对票，即相对于独立董事，非控股股东董事能够产生更好的治理效果。

（三）董事会成员统计特征与公司绩效

由于董事会外部特征的相关研究结论尚未达成共识，且存在较大差异，这促使学者们开始从董事会个体特征的异质性视角来挖掘董事会如何影响公司绩效的内在机制。在汉布里克和梅森正式提出高阶梯队理论后，凭借逻辑上的完整性以及相关指标的可测量等特点，该理论被迅速应用到公司治理领域，特别是董事会研究，由此掀开了以董事会人口统计数据为解释变量的董事会研究热潮。学者们基于年龄、性别、职业背景以及社会资本等角度对董事会成员展开研究，并取得了丰硕的研究成果。

对于董事会性别的研究，目前主要集中于性别多样性以及男性与女性董事治理效果的差异性研究，相关研究进展如下。乔克斯探讨性别多样性与公司绩效之间的关系是否遵循 U 型关系，结果表明，性别多样性最初会对公司绩效产生负面影响，只有在达到 30% 的"临界群体"后，女性董事比例才与公司绩效高度相关。有学者发现董事会性别多样性与公司绩效显著正相关，且有三名或三名以上女性董事的董事会比有两名或更少女性董事的董事会对公司绩效的影响更大。亚当斯和费雷拉基于美国上市公司样本，发现女性董事对董事会的投入和公司业绩有着重要关系，女性董事比男性董事有更高的出勤记录，且随着公司性别差异的扩大，男性董事出勤问题会明显缓解，这表明女性董事在提高董事会运行效率方面具有重要作用。

针对董事年龄的相关研究则关注董事年龄的异质性。李民对中国上市公司2005—2010 年的数据展开研究，发现董事年龄异质性与公司绩效正相关，董事年龄异质性越大，越有利于董事会成员的异质性意见交流，从而使公司保持稳定的经营绩效。安德森等采用整个董事会董事年龄的变异系数来衡量董事年龄异质性，发现异质性董事对公司而言并非总是有效。

大量学者更多关注董事任职背景对董事会治理效率的影响，主要包括法律背景、学术背景、技术背景和海外背景等。何威风和刘巍发现公司聘请具有法律背景的独立董事进入董事会决策团体后，显著提升了公司的市场价值，尤其是当公司遇到重大法律诉讼或者股权转让的活动时，法律背景独立董事的存在具有重要作用。马如静和唐雪松研究了独立董事学术背景对公司财务绩效的影响，发现当公司经营绩效下降时，学术背景独立董事会更受公司欢迎，且随着学术背景独立董事比例的提高，公司财务绩效表现越好。胡元木和纪端关注了技术专家型独立董事对公司绩效的影响，发现技术型专家董事为公司创新带来了技术支持，从而提升了公司绩效，且创新效率在技术型专家董事影响公司绩效的路径中发挥部分中介效应。项慧玲研究了董事海外背景对公司绩效的影响，发现海外背景董事显著提升了公司的市场绩效，同时海外背景董事的存在扩大了公司内部的薪酬差距，从而产生对其余董事的激励作用，最终提升了公司的总资产收益率和每股收益。

二、董事会非正式等级的相关研究

（一）董事会非正式等级的内涵

在现代组织中，等级是组织自我适应的产物，是组织成员社会交互的基本组成部分。组织内部形成的等级结构能够有效降低成本，提高沟通效率。理论上可以将组织的等级结构划分为正式等级结构与非正式等级结构。其中，正式等级结构是指从组织最高的直接主管到公司基层的工作人员所形成的地位层次，组织内部的契约规章决定着正式等级制度的运行，对组织内部成员的行为起到了规范约束作用，正式等级制度为组织的决策冲突提供了有效的解决机制，从而在组织内部形成了良好的决策秩序。虽然正式等级制度能够解决日常决策中存在的大多数问题，但不能解决由组织成员之间互动关系所引发的决策冲突。由于组织成员的决策互动而在组织内部形成的纵向社会联系机制被称为非正式等级制度。非正式等级制度源于组织内部成员经过长时间互相交往而自发形成的遵从与被遵从关系，并不受正式等级制度的约束，其作用的发挥依赖于组织核心成员所拥有的能力和影响力。

一般而言，组织成员对组织的贡献越大，那么其受尊敬的程度就越高，在组织内部主导决策方向的能力就越强。同其他决策群体一样，董事会成员的人际关系和情感冲突会影响董事会的决策过程。在董事会内部，董事会根据自身受到的尊重程度来确定自己的等级排名，而排名地位的高低取决于自身能力和影响力的大小。虽然 He·J.和 Huang·Z.引领了对董事会非正式等级研究的潮流，但是并没有对董事会非正式等级做出明确的概念界定，后续关于董事会非正式等级的研究也都是基于 He·J.和 Huang·Z.对董事会非正式等级的描述而展开的。本研究借鉴拉夫林和托马斯对地位等级的系统性总结，提炼出董事会非正式等级的形成条件、等级秩序和结构特点，进而对董事会非正式等级做出概念界定。

董事会非正式等级的形成依赖于董事会成员的能力和影响力。如果一个董事拥有较高的声誉资本，或者其行业经验得到了他人的认可，他就会被认为拥有较大的能力和影响力，聘请其进入公司董事会将会给公司带来资源，进而使公司运营更加有效。因此，如果一个董事能够基于自身的能力、魅力和声誉为自己在董事会赢得赞同，那么他在董事会拥有较高的地位等级便随之而来。马吉和加林斯基也认为，董事的能力和影响力越大，越容易得到他人的尊重和认可，从而占据优势地位。研究发现，董事通过在其他公司兼职所拥有的声誉资本，董事的年龄和任期、政治关联、家族成员身份等因素都会影响董事个人的能力和影响力。当董事将自身的能力和影响力带入董事会时，便会对董事会成员的沟通决策产生重要影响。当董事会成员存在能力差距时，个体贡献预期的不一致造成董事之间评价的差异，从而促进董事对地位差异的认识而催生非正式等级结构。

在董事会非正式等级制度下，组织成员基于互相沟通所形成的等级秩序明显区别于正式等级制度。董事会非正式等级的秩序表现为跨层级个体之间单向的服从和信任，从而促进组织内部有序合作。在董事会中，非正式等级促进领导结构形成，改善了决策程序。曾江洪和何苹指出，非正式等级制度通过明确组织成员所扮演的角色，为组织成员如何履行其职责提供了明确的指导。并且根据合作理论，当合作一方的资源和能力优势明显高于另一方时，两者之间的合作行为更容易发生。具体到董事会非正式等级中，处于高地位等级的董事拥有更多的资源优势，致使地位等级较低的董事更容易遵从高层董事所提出的决策要求。董事会非正式等级制度决定了董事会的结构特点是高低垂直分布，且权力自上而下逐层减少。董事会非正式等级的具体结构包括"集中"和"分散"两个维度，"集中"是指董事会内部的决策权力集中于高地位等级的董事手中，"分散"是指董事会个体成员的权力存在一定差距。随着董事会成员之间影响力和能力差异的逐渐扩大，董事之间形成的非正式等级制度将更加"陡峭"，组织权力将更多集中于有影响力的个体，等级秩序在成员之间的分布趋于强化，想要改变已有的董事会非正式等级结构将变得极其困难。但这并不是绝对的，因为董事会成员的地位差异是在谈判过程中形成的，董事会成员在不断互相交流中会加深对彼此能力的认识，进而导致董事会非正式结构发生变动。

综合上述对董事会非正式等级的形成原因、等级秩序和结构特点的详细分析，根据马连福等的界定，本研究认为董事会非正式等级是由于董事会成员的能力和影响力存在差异，致使低地位等级董事对高地位等级董事的决策服从和信任机制形成并固化，进而导致高地位等级董事在决策中拥有绝对支配权力的董事会非正式结构。

（二）董事会非正式等级与公司绩效

虽然关于董事会可观测变量如何对公司绩效产生影响的研究已为数众多，但二者关系究竟如何目前仍是见仁见智。约翰逊等认为将高阶梯队理论所强调的人口统计变量（年龄、教育背景、性别、种族等）直接用于解释公司财务绩效时存在着某些不足。汉布里克和梅森早已指出，以人口统计数据为代表的董事会可观测变量在预测董事会行为方面存在的固有缺陷：

第一，人类远比可观测的人口统计信息要复杂得多。

第二，由于个体从组织基层升至管理高层的过程中，会经历广泛的社会化过程以具备高层管理者所需的必要条件，这造成高层管理者之间存在着相当程度的同质化特征，与之相比，经理人的初始背景的重要性则在相当程度上被弱化。

第三，高层管理者凭借自身的董事会成员身份、顾问身份或贸易组织成员身份等可以大量学习新的知识，由此强化自身的感知和判断能力等，进而提高对组织和环境的适应与驾驭能力，这些是人口统计数据等所不能预测的。

由此，约翰逊等指出，更科学的方法或许是在董事会可观测变量与公司绩效之间寻找中介变量，或选择其他视角考察董事会与公司绩效的关系。

由于现有研究不能就董事会可观测变量与公司绩效的关系提供一致结果，为打开董事会与公司绩效之间的黑箱，部分研究者规避了董事会可观测变量的范畴，转而将目光转向董事会互动过程，特别是董事会的沟通与协调。福布斯认为，董事会成员在彼此沟通过程中产生的冲突是提升公司决策质量的关键。随着决策团内部成员异质性的提高，董事会产生不同的认知行为，从而促进多元化观点的表达，这对于做出正确的战略决策和提高决策质量而言是极为重要的。这些研究认识到了成员交流和互动行为对决策效果的影响，为董事会非正式等级研究奠定了基础。古尔德认为等级关系在董事会内部的建立会对董事会成员的沟通与交流产生自发的协调作用，董事会成员会依据自身地位差异进行意见表达，进而影响董事会的战略决策。希格斯研究发现，清晰的董事会非正式等级增加了董事会成员之间的信任感，能够化解董事会成员在决策过程中由于意见相左而引发的冲突，进而构建和睦而有效的董事会氛围，促进决策意见的快速达成。约翰逊等认为非正式等级的存在能够使董事会成员对决策进行有效讨论，化解了董事会成员之间的冲突，提高了团队决策的效率，这种现象在新兴资本市场国家更为明显。谢永珍等验证了董事会非正式结构对正式结构与董事会会议频率关系的调节作用，发现当不存在非正式等级结构时，公司需要召开更多的董事会会议来实现团队成员内部的沟通与协调，但当引入董事会非正式等级后发现其显著降低了董事会会议的召开频率，减少了无效的意见冲突与不和谐因素。这些研究成果表明董事会非正式等级在董事会决策中能够发挥较强的作用。鉴于董事会非正式等级在董事会治理中的有效作用，学者们进行了关于董事会非正式等级经济后果的多项研究，He·J. 和 Huang·Z. 将董事会视为公司最高层中的人类群体，研究公司董事之间默认形成的非正式等级制度如何影响公司的财务绩效，发现非正式等级结构的清晰性有助于协调董事会成员之间的互动，从而提高董事会对公司业绩做出有效贡献的可能性。大量学者研究了董事会非正式等级与公司绩效之间的关系，但研究结论尚未达成共识。

1. 正相关

董事会非正式等级发挥积极作用的相关研究主要基于等级制度的功能主义理论。功能主义理论认为，等级制度允许团队实现确保生存和成功所必需的高度协调与合作。海莉等确定了等级结构促进团队成功的五种方式。

第一，等级制度可以创造一个心理奖励环境，满足个人对权力、成就和确定性的需求。

第二，等级制度可以起到激励系统的作用，激励个人在工作中脱颖而出，实现群体目标。

第三，等级制度可以培育和实施互补的行为和思维过程。

第四，等级制度可以增强角色分化。

第五，等级制度可以减少冲突。

海莉等进一步认为，当团队成员之间的程序依赖性更强，当更相信等级是合法的，以及当权力和地位等不同等级基础一致时，团队更有可能取得优异成绩。一些实证研究发现了支持功能主义理论的证据。

将等级制度的功能观运用到董事会非正式等级的研究中，发现董事会非正式等级会促进公司绩效的提升。马吉等发现董事会正式结构有时候会表现出决策效率低下的问题，尤其是当决策团体内部存在较大冲突时，正式制度在公司内部往往发挥不了作用，此时，非正式等级能够发挥其优点，缓解团体决策的内部冲突，有利于董事之间的沟通和交流，从而提升公司财务绩效。曾江洪和何苹研究了国有上市公司的董事会非正式等级对公司财务绩效的影响，发现两者之间呈正相关关系，但是董事会非正式等级对公司财务绩效影响的边际作用在逐渐降低。张耀伟等研究了董事会非正式等级强度与公司绩效之间的关系及影响机制，结果表明董事会非正式等级强度能促进公司绩效的提升，但这种促进作用只有在"塔尖"董事不担任公司 CEO 的条件下才存在。

曾江洪和肖涛发现董事会非正式等级清晰度与公司技术创新绩效呈正相关关系，进一步研究技术独立董事和技术董事长对两者关系的调节作用后发现，当技术独立董事处于董事会非正式等级的最高层时能够正向调节董事会非正式等级与创新绩效的关系，而当技术董事长处于非正式等级的最高层时则会失去此正向促进关系。谢永珍等以关系契约论为基础探讨董事非正式等级对公司财务绩效的影响路径，发现董事会非正式等级制度主要通过影响董事会的行为决策来影响公司的财务绩效，即董事会决策行为在两者之间发挥完全中介效应，并且存在显著瞬间间接效应。黄文锋等基于团队非正式社会结构的视角研究了董事会党组织治理、董事会非正式等级与公司绩效之间的关系以及作用情景，发现董事会党组织治理对董事会非正式等级平等化具有正向影响，但是董事会非正式等级的平等化无法影响公司绩效，只有在外部环境不确定性较高时，董事会非正式等级的平等化才能促进公司绩效的提升。

2. 负相关

董事会非正式等级发挥消极作用的相关研究主要基于等级制度的冲突理论。冲突理论认为，等级制度会损害群体的功能。原因在于，当团队成员相信政治和竞争行为能够帮助他们晋升或保护他们在集团层级中的重要职位时，权力和地位上的差异和不平等会激励他们参与政治和竞争行为。这些行为会导致冲突。实证研究上，有学者发现，等级制度会造成权力斗争，损害团队动力。

将等级制度的冲突理论运用到董事会非正式等级的研究中，发现董事会非正式等级会产生负面效果。武立东等辩证地看待了董事会非正式等级的作用效果，他们以董事会投资决策过程为关注重点，探讨非正式等级对决策信息质量的影响，发现董事会非正式等级的存在严重阻碍了成员之间的正常交流，进而加重了公司投资不足情况，甚至导致董事会因地位竞争而产生裂痕。当外部环境不确定性提高时，董事会非正式等级的负面作用才得到缓解。李长娥和谢永珍也发现非正式等级制度会造成董事会会议氛围过于压抑，进而影响董事们之间的充分交流。杜兴强等基于儒家文化中的论资排辈现象，考察董事会成员基于其任职、政治关联所形成的非正式等级对董事会成员谏言的影响，发现论资排辈的现象会造成董事会成员对处于高地位等级董事的绝对服从，进而降低了董事发表异议的概率，而且这一关系会受到 CEO 任期的影响，CEO 任期越长，论资排辈对董事会成员发表异议的负向影响越大。

（三）董事会非正式等级的其他治理绩效

关于董事会非正式等级的其他治理绩效，学者们主要关注了董事会非正式等级对盈余管理、公司投资、公司战略、上市公司违规、资本结构等所产生的经济后果。有学者以董事会名单中董事的排名顺序为依据来衡量董事会成员间的非正式权力关系，发现排名较高的独立董事更有可能投票反对管理层，且独立董事的排名越高，盈余管理就越少。叶玲和管亚梅研究了董事会非正式等级与公司投资行为和投资效率的关系，发现董事会内部非正式等级制度越明显，公司投资规模越大，且相对于国有上市公司而言，这种影响在非国有上市公司中更为显著，就公司投资效率而言，清晰的董事会非正式等级并未显著提升公司的投资效率，往往造成公司的投资不足或投资过度。武立东等探讨了董事会非正式等级影响公司战略的具体机制，发现非正式等级的存在显著提高了董事的自我察觉意识，从而增加了政治行为。

王凯和常维关注了董事会非正式等级对公司战略变革的影响，发现非正式等级制度的存在会诱发公司进行战略变革，当公司面临较高的业绩压力时，两者之间的关系更为显著。李长娥和谢永珍基于"关系本位"与"权威服从"的社会文化背景研究非正式等级与正式等级存在的个体互动差异对团队的影响，发现董事会非正式等级阻碍公司创新战略的实施，相反，正式等级制度促进民营公司创新战略的进行。刘振杰等研究了董事会非正式等级对上市公司违规的影响，以及环境不确定性和董事长在非正式等级中的地位对这一关系所发挥的调节效应，结果表明，董事会非正式等级抑制了公司的违规行为，环境不确定性对两者关系具有显著的正向调节效应，董事长是否拥有最高非正式等级对两者关系具有显著的负向调节效应。刘新民等研究管理层所有权强度与董事会非正式等级的交互作用对公司资本结构的效应，发现管理层所有权强度的加强减少了公司的资产负债率，而董事会非正式等级增加了公司的资产负债率。

三、组织双元的相关研究

（一）组织双元的内涵

"组织的长期成功取决于其开发现有业务并探索新业务的能力"是一个经久不衰的组织科学思想，该思想的概念载体即组织双元。

"组织双元"的概念由邓肯率先提出，是指组织在运营中必须注意当前和未来两个方面的情况，既要对现有业务进行有效管理又必须适应未来的环境变化。马尔希在对组织学习进行探讨时，首次提出构成组织双元理念内涵的两个组成部分，即探索和开发。探索与搜寻、改变、风险承担、实验、竞争、发现、创新等行为相关，开发与改进、选择、生产、挑选、实施、执行等行为相关。其中，马尔希指出探索和开发是相互矛盾的两种活动类型，单纯从事二者中的某一项都会导致组织经营无效，因此，在探索与开发之间维持适当平衡是组织繁荣发展的必要条件。由于马尔希深刻揭示了开发与探索二者之间的相互关系，并且强调双元平衡思想对公司竞争优势的作用，从而开启了学术界对以组织学习为载体的双元内涵及其对公司竞争优势影响的探讨。奥赖利和塔什曼则将组织双元作为探索与开发的合并术语进行组织学习研究，由此"组织双元"概念及其内涵得以固定，组织双元及相关研究近年来得到了迅猛发展。

组织运营包含二元性的开发和探索活动，并且在开发和探索活动间要注重平衡，这已成为组织双元研究者的共识。但如何进行开发和探索活动，二者间如何趋向甚至实现平衡，学者们却是见仁见智。大体而言，关于如何体现组织双元的问题学术界存在区别明确的两种观点：持第一种观点的学者认为，公司应当将探索和开发活动分开执行，往复循环。王益民等将之称为序列双元性，具有动态属性。

第二种观点认为，组织在运营中应兼顾探索和开发活动，保证二者的同时实施。王益民等（2015）将之称为共时双元性。大多数组织双元实证研究持此观点，并以该观点为视角将组织双元作为解释或被解释变量进行研究，从而产生一系列富有价值的成果。共时双元性是一种静态的观点，静态体现在组织通过采用稳定的配置来实现双元。比如，奥赖利和塔什曼提出，组织需设立独立的、有特定职能的子单元，每个子单元依其所负责的业务具有不同的规模、自主性和灵活性，用以专职执行探索或开发活动，从而实现同时实施探索和开发活动。

然而，公司经营所处的行业及宏观环境在不断变化，买方需求、技术和要素市场等外在因素也在不断变化，因此，公司需要不断地从现有情境中进行选择，并通过持续创新使自身与变化的环境相匹配。这说明，特定的组织配置不可能一劳永逸地解决所有边界条件问题，同时也表明，现有的序列双元观和共识双元观都不能完全客观地描述组织双元的实质。奥赖利和塔什曼提出的双元动态能力观则提供了一个很好的答案，这种能力将序列双元观和共识双元观的合理之处相整合，指出组织的探索和开发活动在组织内共存并持续性地交互，且二者的协同效应随着时间日益提高。奥赖利和塔什曼将动态属性引入共时双元，客观地描述了组织双元的实质特征，使后续相关研究更具科学性和合理性。

综上所述，本研究将组织双元定义为，公司以探索与开发为战略导向的框架化动态能力，即公司不但在以效率、控制和渐进式改进为标志的成熟市场和技术领域进行竞争，而且在以灵活性、自主性和实验为要求的新市场和技术领域进行竞争。探索和开发是组织双元的两个核心内涵，其中探索与搜寻、改变、风险承担、实验、竞争、发现、创新等行为相关，开发与改进、选择、生产、挑选、实施、执行等行为相关。此外，本研究明确了探索与开发的对立统一关系。

二者的统一在于：若仅从事探索活动，公司当前的发展便无从保证；仅从事开发活动，公司便无法面对未来环境的变化。二者的对立在于：探索和开发活动在目标、组织、文化和运营方式等方面存在显著差别，且在公司资源方面存在竞争。因此，组织双元的本质在于公司应在探索与开发战略之间适时分配资源和精力，以实现在保证可预见未来的收益的同时又为公司长远发展创造新的价值增长点。

（二）组织双元的研究层次

由于学术界对组织双元的存在方式、矛盾关系的认识存在较大差异，组织双元概念在界定上存在较大差别，而概念上的差异又对所研究的对象、组织双元的载体等方面进一步产生影响。由于大多数学者都是根据自身所研究的问题，选择最佳视角对组织双元进行研究，因此，难以达成共识。将不同研究按一定规则纳入不同研究视角，有助于厘清组织双元的层次，进而帮助研究者明确研究目的，有的放矢地解决问题。

特纳等对双元研究层次的划分为解决上述问题提供了一个很好的参照。他们在回顾了 85 篇组织双元实证研究文章的基础上，依据双元的研究载体，将双元研究划分为组织层次、团队层次和个人层次。组织层次包括公司绩效、战略、结构和经营；团队层次主要涉及社会环境和团队交互作用的重要性；个人层次则重点分析管理角色、管理特征和领导行为的重要性。此外，还包括一些混合研究，比如团队与组织层次研究、个人与组织层次研究和个人与团队层次研究。对组织双元研究进行分层可使组织双元在概念上更为清晰。

（三）战略管理研究中的组织双元

经过 20 多年的发展，组织双元已发展为较成熟的研究范式，成为公司管理领域内一项基本的研究理念。双元理念被应用于不同的研究载体，环境的日益复杂也要求组织在关注现有经营活动的同时进行创新。学术的前沿性和实践的需要促使越来越多的研究者参与其中，以双元理念为视角对不同问题进行探索与开发。由此，"双元"理念被发展至不同领域，该理念的内涵和外延也在不断地丰富和扩大。若仅将"双元"研究作为组织学习领域的一个子集来看待，那么与该概念有关的更为丰富的意义将被忽视。赖施将组织双元的主要研究领域总结为组织学习、技术创新、组织自适应、组织结构和战略管理五大领域，徐守信将其进一步细分为组织学习、知识管理、管理者行为、战略管理、创业管理、营销战略、技术创新和组织联盟。

虽然组织双元理念在不同领域内的研究使其内涵和外延大为丰富和拓展，但通过前文的归纳总结发现，双元理念的本质属性，即长期导向和短期效益的兼顾性、在执行上的动态性、资源分配上的竞争性等不但没有发生改变，反而在该范式的形成过程中不断被认同、接受，继而固化。反观这些本质特征，不难看出，它们实际上也是组织战略所必须考虑的问题，也正因为如此，组织双元的战略性特征已引起研究者的重视，部分研究开始将双元理念应用于战略管理领域，使其从幕后走向前台。如伯杰尔曼将战略管理过程分为以稳定性不断提高为标志的诱致性过程和以不确定性提升为标志的自发性过程，其中诱致性过程在组织现有战略和知识范围内运行，而自发性过程聚焦于组织当前战略范围外的事情并与创造新的能力相关，并进一步将诱致性过程与开发性活动相联立，将自发性过程与探索性活动相联立。有学者在论文开篇便言"公司战略的一个核心问题便是如何在不同类型活动的投资数量上做出选择"，进一步指出对未知的探索和对现有资源的开发昭示了公司行为和战略的诸多基础性差异，这会对公司绩效产生显著的影响。另有一些学者，虽然尚未明确指出双元的战略性特征，却已将组织作为双元的载体，从整体方面研究组织双元对公司绩效的影响。

（四）国外战略导向的组织双元研究动态

由前文所述可以推知，战略性是组织双元的本质特征。公司的组织双元即公司战略层面的探索和开发能力，由于其实施载体为公司管理层，作用对象为公司整体活动，从而能够对公司当前的生存和发展产生至关重要的影响。波特在探讨战略持续性命题时，认为公司必须持续兼顾经营效果（Operational Effectiveness，OE）和战略定位（Strategic Position，SP），其中，OE 指在执行与竞争对手相似的活动时比对方做得更好，SP 指选择与竞争对手不同的活动或采用不同方式执行与竞争对手相同的活动。波特指出，公司必须持续优化自身活动以改进经营效果，从而不断趋向于生产可能性边界，同时，它也必须持续性地努力以创造和深化自身活动的独特性与业务活动间的匹配性。这里，经营效果的改进与开发活动一致，独特性创造和深化与探索活动一致。这进一步佐证了组织双元的战略性特征。

因此，从战略角度进行公司的组织双元研究时，有必要将其战略性本质由隐含其中而显性、突出化，继而从其本质出发来思考问题。已有学者正式提出"战略双元"的概念，文卡特拉曼将战略双元定义为组织在实施新产品市场探索的同时开发现有产品市场的能力。他们将战略双元概念化为一种组织能力，这种能力外化为能够驱动组织同时执行探索和开发活动的行为,即组织双元由行为来体现。贾奇和布洛克尔将战略双元定义为组织同时实施开发与探索战略并由此提升组织绩效的能力,并特别强调战略双元是一种"新概念"。米希尔将战略双元称为战略管理和组织双元的组合,认为战略双元反映了管理研究的一种长期导向,这种长期性以战略活动与组织活动的紧密交织而存在。王益民等认为战略双元即组织同时平衡开发式创新与探索式创新两种战略导向的能力。"战略双元"鲜明概括了公司组织双元的战略性本质,具有提纲挈领的作用。当前,"战略双元"这一概念在现有文献中的使用频率依然较低,但将"组织双元"作为研究主题,其中体现双元战略性本质特征的研究已为数不少。本研究按照变量类型分三类对文献进行梳理。

第一类:战略导向的组织双元作为被解释变量。此类研究文献侧重于揭示战略性双元的前因变量。现有文献对影响因素的实证研究主要分为两个方面。①情境因素。情境因素由吉布森和伯金肖提出,情境强度是指弹性、纪律、支持和信任的组合程度。吉布森和伯金肖认为,实现组织双元(同时实现改进与改革)的途径不是做出双元的结构安排,而是创造支持型的组织环境,通过对来自10个跨国公司41个业务单元的4195名员工进行调查,让他们为自己所在单元的背景和双元进行评级,继而将数据汇集并以业务单元为单位对数据进行统计分析,吉布森和伯金肖发现,情境强度与业务单元的双元程度正相关。有学者运用问卷调查对242家中国与150家英国高科技公司进行分析,结果再次证实情境因素对组织双元具有显著影响。②领导因素。将领导特征作为前因变量的研究近年来得到快速发展,现有研究文献通常将领导因素分为两类。第一类是领导特征。贝克曼的实证结果表明创始团队的工作经历多样性与组织双元正相关。有学者发现经理人组织任期与组织双元行为正相关,而经理人职能任期负向调节二者之间的关系。欧米钦研究了知识密集型公司的董事会知识异质性与组织双元的关系,鉴于董事会知识异质性在推动组织双元中所带来的收益和成本,发现董事会知识异质性与组织双元之间呈"U"型关系,这表明知识异质性的收益最终会超过特定阈值的成本,最终提升组织双元。第二类是领导过程。卢巴特金的实证研究证明,高级管理团队的行为整合水平对组织双元具有积极影响。詹森的研究结果显示,组织的结构性差异需要通过高级管理团队的社会整合机制和跨职能沟通机制来对组织双元产生影响。有学者强调了高管团队认知结构,特别是激活性记忆系统的作用,认为事务性记忆为高层管理团队提供了一个基于成员特定专业领域的知识生成、分配和整合系统,从而提高了其区分和整合双元战略议程的能力。

第二类：战略导向的组织双元作为解释变量。He·J. 和 Huang·Z. 的问卷调查数据显示，开发式创新战略和探索式创新战略的交互作用与销售增长率呈正线性相关，而开发式创新和探索式创新的相对不平衡与销售增长率呈负线性相关。卢巴特金利用李克特五点量表研究组织双元对中小公司绩效的影响，实证结果表明对探索性活动和开发性活动的共同实施对公司绩效有正向影响。文卡特拉曼假设探索与开发活动在 T 时期的联合效应能够对 T+1 时期的销售增长率产生积极影响，他们将投资回报率（ROI）和资产回报率（ROA）作为公司销售增长率的衡量指标进行实证研究，结果支持这一假设。有学者考察了组织资本如何影响会计师事务所的双元（同时探索和开发知识）与绩效的关系，结果表明，组织资本调节了组织双元和公司收入增长变化之间的关系，当公司拥有较高水平的组织资本时，组织双元与绩效之间的联系更显著。

第三类：战略导向的组织双元作为调节变量和中介变量。有学者在产品组合复杂性和公司绩效（销售增长、员工增长和经营利润增长）之间的倒 U 型关系基础上研究组织双元对二者关系的调节效应，发现在高产品复杂性的条件下，拥有较高水平组织双元的公司绩效表现更为优异。有学者研究了高绩效工作系统（HPWSs）与中国公司服务绩效（PSFs）之间的间接关系，以及组织双元在两者之间的中介作用。研究发现 HPWSs 与公司的组织双元之间存在着正向联系，同时，组织双元与组织绩效之间存在非线性关系。

（五）国内战略导向的组织双元研究动态

从国内研究来看，2009 年以后，双元研究开始在我国蓬勃兴起，致力于解决我国公司在发展中遇到的问题，学者们从双元的不同层次、不同角度对不同的问题开展研究。从战略角度围绕组织双元的研究亦得到了快速发展，以探索和开发为着陆点，学者们对中国公司组织双元行为及其前因变量、影响结果等展开研究，形成了众多富有价值的成果。与战略双元相关的实证研究在路径上大体可分为以下三类。

第一种研究路径重在探讨组织双元的前因变量及其作用过程。李忆等依据公司战略分类将组织分为防守者、前瞻者和分析者，探讨不同战略下家长式领导对组织双元创新的影响。学者张根明和陈佩检验了市场导向和创业导向对中小公司双元活动（探索活动和开发活动）的影响。学者赵锴等研究了战略领导力、双元性学习与组织创新三个变量之间的关系，发现组织的双元性领导会通过影响公司的组织和研发团队双元性来促进公司创新，进而完成由团队创造力到公司创新绩效的转化过程。学者韩杨等发现，相比于单一领导方式，双元领导对团队创新绩效的影响更显著，且团队文化在双元领导影响团队绩效的关系中发挥部分中介作用。学者张高旗等发现，谦虚的公司领导者由于能够做到包容开放、虚怀纳谏，且坚持自我学习，因此更可能站在公司长远发展的立场上，积极探索新领域，从而对公司的组织双元产生积极影响。

第二种路径重在探讨组织双元的经济后果，即对公司绩效、公司创新、知识获取等变量的影响。此种研究路径从不同研究视角与待解决问题相联系，将组织双元的不同载体作为出发点，如组织学习双元、营销双元和战略导向双元等。学者宋晶等发现双元战略导向的平衡有助于公司创新绩效的提升，且关系嵌入性在战略导向影响合作创新绩效的过程中起到重要的调节作用。学者彭正龙等向国内225家制造业公司创始团队成员发放问卷并进行实证分析，发现营销探索能力和营销利用能力均可通过不同机制提升公司绩效，且二者的平衡对公司绩效有直接正向影响。学者舒成利等将组织学习作为载体，发现联盟公司同时或者分别开展探索式学习和开发式学习均有利于从合作伙伴处获取知识，从而促进公司创新绩效的提升，且公司的吸收能力越强，二者之间的关系越显著。

第三种研究路径将组织双元作为中介变量来探讨其中介效应。学者张玉利和李乾文发现在环境不确定性背景下，机会探索能力与机会开发能力在创业导向转化为组织绩效中发挥中介作用。学者李桦构建了"战略柔性—组织双元—公司绩效"理论框架，发现战略柔性正向影响组织双元与公司绩效。学者王兰云和苏磊将组织双元作为中介变量探讨战略人力资源管理一致性对组织绩效的影响，发现探索式创新和开发式创新均在战略人力资源管理一致性对组织长期绩效的影响中发挥中介效应。学者王益民等在考虑战略双元动态性的基础上，将其划分为平衡维度（竞争性）和交互维度（正交性）并检验了两个维度分别对公司绩效的显著影响。

在研究方法的选择上，除上述的实证研究外，还有一部分学者采用了案例分析法。邓少军和芮明杰选取单案例，采用纵向案例研究方法，得出高层管理者认知影响结构型、情境型和领导型三种组织双元的构建过程，以及环境因素对高层管理者认知的作用。张建琦等运用多案例研究，发现基于双元思想的"内外平衡"拼凑战略会引发公司新旧素材的激烈碰撞，从而有利于公司创新思想的产生，而"内外失衡"的拼凑战略会导致公司陷入"黔驴技穷"的境地，减弱了公司创新性思维的产生。

四、文献述评

本研究通过对董事会治理效果以及组织双元的研究动态进行较为充分的文献回顾，发现关于董事会治理的研究视角正逐步从董事会外部正式制度安排延伸和深入至内部非正式互动关系，研究结论颇为丰富，近年来学者们也开始逐渐关注董事会非正式等级在董事会治理中所发挥的作用，为后续研究的开展奠定了初步的理论基础。组织双元的相关研究目前也已在国内取得较大进展，为公司战略决策制定提供了更多的理论解释。虽然大量文献关注了董事会非正式等级所产生的经济后果，且对于组织双元的影响因素和经济后果，学者们也进行了深入研究，但是，依然存在以下几个方面的问题亟待解决。

（一）董事会非正式等级与组织双元的理论框架亟待构建

虽然学者们分别在董事会和组织双元两个领域中取得了丰硕的研究成果，但尚未有研究将二者联立起来。作为公司治理的主体，董事会负责公司战略决策的制定。现阶段，主流的董事会研究在对董事会决策的解释力度上存在着不足，而当前的董事会互动研究虽然深刻地反映了董事会决策的实现过程，但在研究数量和深度上，还存在着不足。对战略决策而言，其不只包括公司战略的制定，还包括选择具有合适能力的管理者来执行战略，战略决策结果并不只是静态的，还可以是动态的能力。作为公司动态的战略性能力，组织双元可以使公司很好地处理探索与开发的关系，从而使之良性发展。按照奥赖利和塔什曼的观点，组织双元的实现从根本上是最高领导层决策的产物，因此，将董事会非正式等级和组织双元联系起来，从社会群体的视角探寻组织双元如何实现极为重要。但是目前关于董事会非正式等级制度与组织双元的理论框架构建，尚未有学者进行研究。

（二）董事会非正式等级影响公司绩效的路径亟待完善

"董事会非正式等级—公司绩效"的研究路径虽打开了董事会非正式等级研究的大门，但并未将董事会决策纳入其研究模型。非正式等级的协调收益很可能会帮助董事会更加有效果和有效率地履行其职能，比如选聘或解聘公司 CEO 或总经理，设定经理人薪资等级，为公司收购与并购事项提供建议等，所有这些工作都会对公司绩效产生重要影响。但在当今市场竞争越来越激烈的背景下，如何通过董事会决策，帮助公司形成一个灵活的组织结构极为重要，越来越多的学者发现，组织双元能够帮助公司实现"探索"和"开发"两种能力，从而在稳住短期绩效的基础上追逐长期利益,实现短期绩效提升与公司长期成长。因此,将"董事会非正式等级—公司绩效"路径扩展为"董事会非正式等级—组织双元—公司绩效"更为妥当。

(三)缺乏对"董事会非正式等级—组织双元—公司绩效"这一链条成立的情景作用考察

关于董事会非正式等级的相关研究,学者们考察了其对公司绩效、董事会决策、技术创新、战略变革、股价崩盘、公司违规、资本结构、公司战略等的影响,即大都关注了董事会非正式等级所产生的经济后果,但是很少有学者去研究非正式等级制度在群体决策时的受限因素。由于董事会非正式等级制度是一种非正式制度,而非正式制度的作用发挥势必会受到正式制度的影响。强势 CEO 是公司治理研究中经常会关注的问题,CEO 权力增大会加剧公司的代理成本,他会利用自身权势去干预董事会决策,因此,董事会非正式等级和双元化决策的关系在一定程度上会受到强势 CEO 的影响。因此,研究董事会非正式等级发挥作用的边界条件具有一定的现实意义。此外,组织双元中介效应的发挥也会受到其他因素的干扰,对这些因素的考察对于公司实践的完善具重要意义。因此,本研究拟探讨环境不确定性和资源约束对组织双元所产生的影响。

第三节 中国情境下董事会非正式等级的文化溯源

一、注重等级的礼序观念

在中国情境下,董事会中非正式等级的形成受到中国传统文化的深刻影响。事实上,无论是在何种文化情境下,由于董事会成员在掌控股份上存在多寡,在自身能力及专长上存在差异,在社会资本网络上存在不同节点,这必然就会导致影响力的不同,故而董事会中的非正式等级结构是一种客观存在。影响力越大的董事,其在非正式等级序列中的地位就越高,地位越高的董事往往更易受到其余董事的尊重。不过,在中国,由于受到传统儒家文化的深刻影响,相对于其他文化而言,人与人之间的等级差异在中国体现得尤为明显,这体现为一系列礼仪秩序。在人们的日常生活中,强调礼序的社会现象十分普遍。例如,在亲朋好友聚餐时,长辈往往居于上座;各种社会组织召开会议时,职位最高者往往居中而坐,其余则以左尊右卑的顺序排列;走路时,往往身份尊贵者在前,而位卑者则居于其后……追本溯源，中国之所以出现比西方国家更为普遍和明显的等级差异，源于中国传统文化中的儒家文化的熏陶。

在原始社会伊始，人类的社会生活中并未出现明显的礼序，但随着社会的不断发展，种谷酿酒等先进文化在中华大地逐渐出现，人们便开始以饮食之礼来区分人与人之间的等级差别。等级意识最早出现于饮食之礼中，随着历史上第一个王朝夏的建立，我国开始迈入阶级社会。在阶级社会中，统治者主要依靠宗法制度维护国家政权，宗法制度有利于维系统治阶级内部的秩序，逐渐演变成一个等级观念。《周礼》进一步对人与人之间的等级地位进行严格划分，形成了等级森严的差异化社会。自此，等级观念开始在人们心中盛行，相应的礼序体现在"衣食住行"的方方面面，约束着人们的行为。至春秋战国时期，孔子结合周朝的礼乐传统，提出了以仁、恕、诚、孝为核心的儒家思想。儒家重视五伦与家族伦理，提倡教化和仁政，有利于维护封建君主的统治，受到封建统治者的广泛欢迎。至西汉时期，儒学成为治理国家的正统思想。经过统治者对儒家思想的强烈推广，等级观念已演变成同政治哲学和传统伦理道德相联系的核心价值体系，约束着人们的思想与行为。由此，中国传统文化中的礼序思想，一方面是被打上封建宗法制度烙印的政治等级观念，另一方面是规范人们思想行为的道德伦理观念。

政治等级观念是礼序思想的核心内容，人们需要根据自己在社会地位中的等级排序来确定自己待人接物的态度与方式。儒家思想提出了"君为臣纲、父为子纲、夫为妻纲"的社会等级秩序，要求每个人根据自己的社会角色来决定自己的行为方式。位卑者不能逾越等级秩序，要服从、尊重位尊者，即职位较低的官员应当对职位比自己高的官员表示敬重，这体现在君臣关系上就是君为臣纲。同时对那些比自己地位低的人，则采取位尊者的态度。"君为臣纲"实则为当朝统治者维护自己的封建权威提供了支持，但是，"父为子纲、夫为妻纲"则为人们的日常道德行为施加了思想约束，有利于维持社会的等级秩序，实则是构建了人人必须遵守的伦理道德观念。在这种伦理道德观念下，人们的社会日常受限于"三纲五常"，按照"亲疏有分""长幼有序"的礼序原则，人们之间的地位差别被视为理所当然，不仅在家族外部人们可以确定自己的地位等级，在家族内部，人们也确定了严格的家庭生活秩序，以"孝道"为核心的封建家族伦理成为维持封建家族秩序的重要工具。因此，从社会生活到个人的家族生活，每个人都在被无形的约束所禁锢，人人都需要恪守本分，而不得逾越自己的位置做出有违社会等级秩序的行为。

伴随着政治等级观念以及家族伦理观念的成熟，人们将礼序观念在社会中不同的人群中进行延伸。于是，社会上便出现了对德高学修之人以及贤能者的推崇，刻苦学习踏入仕途成为读书人奋斗的目标。随着社会财富的逐渐积累，礼序观念也扩展到了对拥有大量财富的人的尊崇与羡慕。之所以如此，《中庸》给出了解释，即"大德必得其位，必得其禄，必得其名，必得其寿……故大德者必受其命"，但这只是直接原因，最根本的原因在于不同的社会阶段有其区分地位等级的标尺，即人们身份尊卑的划分均依赖于当时社会的当权者所推崇的对象。因此，不论社会处于何种发展阶段，总会出现一个标准尺度对人们的地位等级进行划分，传统礼序思想的确立与维护一方面有利于巩固封建统治秩序，另一方面则为社会发展构建了稳定的环境，从而成为封建统治的根基。

步入近代社会后，伴随着西学东渐和中国社会本身的转型，流行了几千年的"三纲五常"受到挑战，儒家核心道德观在"五四"文化运动中更是成了口诛笔伐的靶标。不平等的封建宗法家族制度成为新制度的革新对象。之后开展的新文化运动、新民主主义革命等最终终结了统治中国近两千年的封建制度，使中国人的社会人际关系不再受"三纲五常"的限制，人们的社会地位逐渐趋于平等。

不过，虽然封建等级制度已经被彻底消灭，但是延续两千多年的中国传统文化依然留存于人们的价值观中。在日常生活中，人们的待人接物方式难免受到传统礼序观念的影响，乃至常用人称代词"您"和"你"在特定场合就能表达出不同的效果、凸显出不同的地位等级差异。外国学者也对中国的传统文化进行了研究，霍夫斯泰德在采用问卷调查对世界各国的文化进行分类时，将中国文化描述为高权力距离文化。权力距离衡量了人们对社会中存在的等级差异的接受程度，在一个低权力距离文化的社会中，人与人之间的社会地位平等，人们难以容忍社会中存在等级差异的划分，但在高权力距离文化社会，人们往往会主动或者被动接受人与人之间的差异程度。中国是高权力距离文化社会的典型代表，受传统"三纲五常"与"忠孝义"思想的影响，人们比较容易接受集权主义文化与官僚社会结构。陈文平认为，受中国传统社会"伦理纲常"的影响，权力距离和服从权威在中国社会体现得明显，后者可以看作前者在当代社会情境中的进一步体现。李四海等以中国社会长幼尊卑为制度背景研究了组织内资源按资排序的现象，发现年龄与薪酬之间存在正相关关系，这反映了年龄作为身份尊卑的标志，会影响社会资源的分配。有学者也发现年度财务报告中内部董事的名字是按照职位高低进行排序的。因此，在中国社会，人与人之间的等级界限分明，礼序观念根深蒂固，这种文化背景为研究董事会非正式等级提供了支持。

二、注重关系的社会传统

中国自古以来就是一个历史悠久的文明古国，传统风俗、人情世故等非正式规则贯穿整个中国历史。"人情关系"是中国人际交往所依赖的主要方式，人与人之间的联系构成了一张张紧密的社交"网络"，群体的价值观念和行为规范深受此"网络"的影响，与社会网络存在着千丝万缕的联系。追寻社会网络在中国的形成历史，可以发现其与中国儒家思想所倡导的伦理观念密不可分。

儒家传统价值观本质上是一种以关系和谐为核心的儒家关系导向。儒家文化出现于农业社会，特别强调"关系"的作用。以人为中心，儒家学派发展了一整套人文主义伦理学，强调了个体与社会整体的有机联系。儒家学派认为，人与群体是密不可分的，个人不能脱离群体而孤立存在，人类的社会行为产生于人与人的互相交流之中。"五伦"概括了儒家思想对人际交往的规范要求，以亲族关系为核心，以道德训练为基本内核。在"五伦"的社会规范引导下，中国人很难将自己视为孤立的个体，他是其父之子、其子之父、其兄之弟。也就是说，他是群体构成的一个有机成员。以家族血脉构成的人际关系为范围，每个人与其"圈子"内的人一起生活、活动，并获得存在感。

许多学者研究了中国社会人际交往的基本逻辑，并提出了合适的解释说明。费孝通在其所著的《乡土中国》一书中用"差序格局"来描述中国乡土社会的人际交往模式，他认为，中国的社会关系是从一个人出发不断联系到其他个体，表现为私人关系的累加，他对此现象有一个恰当的比喻，即"好像把一块石头丢在水面上所发生的一圈圈推出去的波纹"。梁漱溟在其《中国文化要义》中将中国的社会关系与其他社会进行了比较，得出结论说，中国社会既非个人本位，亦非社会本位，而是关系本位。在注重关系的社会中，行为主体不能只关注关系网中所涉及的任何一方个体，而应当把关注重点放在人与人交往所形成的复杂"关系网"上。随着社会的不断发展，人与人之间的关系不再局限于家族、亲戚这种以血缘为主的人际网络中。随着通信技术的发展，人与人之间的交往更加密切，陌生人之间通过不断的信息交换也拉近了彼此的距离，如基于文化相似性形成的社会群体，方言、姓氏、社会信任也在不断拉近人与人之间的距离，于是，单个个体在社会中形成的"水波纹"便越来越大。在注重关系的中国社会中，往往缺乏有效的第三方监督机制来监管人们的行为，人们往往根据关系的亲疏远近来决定职位升迁、资源分配等。社会学者将这种基于人际交往而形成的社会联系称为社会网络，而将每个人拥有的社会网络称为个人所拥有的社会资本。社会资本这一概念最早是由法国社会学家布尔迪厄提出的，之后这一概念被广泛应用于政治、经济和管理等众多学科的研究领域。

中国的社会关系网络复杂多样，依据个体在社会中的职位角色，形成了不同名称的社会资本内容。将社会资本概念应用于公司高管个人，研究以其为中心所延伸出的社会网络关系对于公司治理而言十分重要。在目前关于高管社会资本的研究中，学者们捕捉到了以下几种社会资本形式。一是政治关联。在改革开放初期，许多官员下海经商，通过成为人大代表和政协委员以及进入政府部门工作等形式与政府部门建立联系。政治关联的建立能够帮助公司更为容易地获得政府补助、财产保护等，从而使公司更加热衷于政治寻租行为。二是金融关联。即高管利用自身的网络关系在金融机构与公司之间建立一种信任关系，从而消除公司与金融机构之间的信息不对称，帮助公司获得更低的贷款成本、更长的贷款期限和更多的贷款总额。三是行业协会。公司高管通过加入地区性的行业协会，一方面可以从与协会成员的相互交流中捕捉到关于市场发展的前景信息，从而获得相关的知识、技术、创新资源、市场新机。另一方面，通过行业协会，公司高管可以向社会展示自身的良好形象，从而提升自身的品牌声誉。四是企企关联。即指公司高管直接地和间接地通过在不同公司任职而建立公司与公司之间的联系，基于高管的社会联系，公司可以获取相关行业的营销信息、竞争对手的发展态势以及供应链信息等，更重要的是基于这些行业信息的获取，公司可以形成自身的竞争优势，从而提升其创新绩效。

第四节　本章小结

首先，本章介绍了本研究所依赖的三个核心理论。委托—代理理论是公司治理的基石。地位特征理论是董事会非正式等级存在的理论基石，这一理论反映了个体在群体中的声望、受到的尊敬和影响力对团队决策的影响，这一理论认为，由于不同个体所具备的能力和资源存在差异，居于非正式等级相对低位的成员在团队合作中更容易服从非正式等级塔尖成员的决策。在议事过程中，塔尖成员的意见往往会获得更多的积极反馈。关系契约论突破了古典契约论的限制，更好地解释了复杂社会中的交易机制，关注了信任机制在双方交易中的作用。董事会从根本上说是由各种人组成的一个具有社交属性的团体组织，董事会成员则在日常会议决策中建立起关系契约，这会对董事会的决策效率产生影响。因此，区别于社会资本理论强调外部"关系"网络，关系契约论更强调不断的交易行为在交易双方之间形成的制约机制。

其次，本研究对相关文献研究进行了综述。董事会的相关研究早期停留在董事会的整体结构层面，学者们分别从董事会规模、独立董事、董事持股、董事会会议等角度研究董事会的治理作用，但这些研究均没有很好地解释董事会对公司绩效的影响。随着高层梯队理论的提出与广泛应用，学者们从人口统计特征角度研究董事会的治理作用，主要集中于董事会成员的年龄、性别、背景和社会资本等因素，尝试从更多的角度解释董事会的治理机制。但是董事会决策过程并非仅由单个成员决定，在董事会会议中，不同的董事会成员会对项目决策发表不同的看法，因此董事会的决策往往是思想的碰撞与观点的融合过程，不同职业背景、社会地位的董事在决策过程中可能扮演着不同的角色，学者们将这种不同的社会身份所形成的层级制度称为非正式等级。从董事会非正式等级视角，学者们研究其对公司绩效的影响，产生了两种不同的结论，一些学者认为非正式制度会在董事会内部产生不同的认知行为，这促进了多元化观点的表达，对于战略决策的制定极为重要。另一些学者却发现团队内部的层级差异会激励成员参与竞争，从而抑制了组织内部的知识共享与信任形成，激烈的斗争往往会损害团队绩效。这两种观点均得到了实证研究的支持。

关于组织双元的研究，早期学者主要界定了组织双元的内涵、维度，后期学者则关注组织双元在战略管理中的应用。在这类研究中，学者们对战略双元的前因变量展开研究，发现情境因素和领导因素对于战略双元的形成发挥着重要作用。其中，情境因素中的弹性、纪律、支持和信任有利于组织双元结构的安排，领导因素中的领导特征和领导过程均会对组织双元产生影响。而进一步考察战略双元的经济后果时，学者们发现销售收入增长率、公司绩效以及创新绩效的提升均与组织的双元结构有关。打通组织双元的前因变量与后置因素后，学者们构建了"战略—组织双元—公司绩效"的逻辑框架，后期部分研究多在这一框架下进行，将组织双元作为调节变量和中介变量进行研究，取得了丰富的研究成果。

最后，本章介绍了本研究的中国制度背景，即注重礼序和关系的社会文化传统。我国礼序观念有着悠久的历史渊源，在每个时代中表现出不同的特色，但本质未发生变化。在儒家文化的影响下，时至今日，人与人相处依然注重一个"礼"

字。在团队成员中，依赖最多的决策机制并非团队内部约定的规章制度，而更多的时候依赖人与人之间的沟通和协调，而这一过程的决策效率取决于隐形的地位等级，具有较高地位等级的决策者对低地位等级成员的威慑力在决策过程中发挥直接作用。在注重关系的中国社会中，人与人在相互联系的基础上形成了基于关系网的资源流和信息流，而位于关系网核心位置的成员往往掌握着组织所需的关键资源和信息，因而能够在团队决策中起主导作用，这便形成了前面所提到的非正式等级层级，这种隐形制度塑造了团队成员的决策机制与过程。

第三章 理论分析与假设提出

本章为理论分析与假设提出。该部分在文献回顾的基础上探讨董事会非正式等级、组织双元、公司绩效三个主变量之间的关系及其中的作用机理。该章的目的在于重点说明董事会非正式等级对组织双元的作用机理及二者间关系的性质、组织双元对公司绩效的作用机理及二者间关系的性质、组织双元在董事会非正式等级和公司绩效之间的中介作用、CEO 权力对第一阶段主效应的调节作用、环境不确定性对双阶段主效应的调节作用，以及资源约束对双阶段主效应的调节作用，并分别提出相应的研究假设和构建本研究理论模型。

第一节 董事会非正式等级与组织双元

在受到公司治理学术界的重视之前，非正式等级相关研究便已出现在社会学研究中，特别是在群体领域。一般研究表明，从普遍性上讲，在不考虑既定权力安排的情况下，在群体内部，成员之间会自发地了解彼此，并基于群体目标对他人的魅力、能力、知识和影响力进行推断，凭此给予对方适度的敬意，这便潜在地构筑了等级秩序的无形基础。He·J. 和 Huang·Z. 进一步指出，自发形成的等级秩序普遍存在于各式各样的群体中，并为群体成员所识别和接受，若群体内部存在正式等级，自发形成的等级秩序便采取非正式的形式。

循着上述思路，清晰的非正式等级代表了群体内部明确的互动秩序，处于高等级的成员会获得较多的敬意，较低等级的成员则自发接受高等级成员的主导地位并以合作的方式为之提供建设性意见。清晰的等级秩序类似于儒家传统中的"礼"，它规定了群体成员的行为，如何时发言、如何发言、对谁发言以及对何事发言等，这使得群体成员的互动过程更为和顺、有效。群体的非正式等级越清晰，高等级成员对群体目标相关事项的见解受到其他成员的重视程度就越高，其对群体决策的影响力也就越大。由于非正式等级是群体成员围绕某种或某些与群体目标相关的特质而自发形成的，高等级成员凭此将获得对其他成员的非职位权力，如专长权力等。在非正式等级清晰的群体中，最高等级成员可凭借非职位权力将自身的工作意志贯彻于群体决策，在群体工作中占据主导地位。

一、非正式等级在董事会内部的形成逻辑

等级普遍存在于几乎所有的群体或组织中，等级的清晰程度是由群体内部的权力分配均等程度决定的，权力分配越均等，等级则越模糊，反之亦然。迪芬巴赫和西林斯将等级分为以非人格化的角色和职位体系为特征的正式等级，和源于社会互动的、以人格化为特征的"支配—从属"式社会关系，即非正式等级。在系统考察了官僚、专业、民主、混合和网络五类组织的等级后，迪芬巴赫和西林斯得出结论：正式等级和非正式等级的清晰度普遍存在此消彼长的动态联系，若某一群体正式等级中的权力分配相对均等，则该群体便存在相对较清晰的非正式等级。

邦德森指出，相对于权力分配失衡（正式等级清晰）的管理团队，在权力分配均匀（正式等级模糊）的管理团队中，和团队目标相关的个体专长更容易得到发挥，从而对团队决策施加更大的影响。根据地位特征理论，个体以群体的目标和职责为主要依据对成员的各项特征"打分"，根据其"综合成绩"判定成员地位，并据此决定与之互动的方式。可知，群体非正式等级清晰度不仅取决于正式等级中的权力分配情况，还关乎与群体目标与职责相关的个体能力。

董事会在本质上也是群体，因此董事会内部同样会产生非正式等级，董事会在履行决策职能时，包括董事长在内的全员遵循一人一票制的决议规则，这体现了董事之间权力分配的平等，反映出董事会正式等级在实质上的模糊性。此外，战略决策是董事会决策职能的主要内容，它决定了公司现阶段的业务组合、未来发展和盈利情况，受到股东、员工、供应商、顾客和联盟公司等核心利益相关者的高度重视。鉴于正式等级的模糊性和战略决策在董事会职能中的主导性，拥有战略专长的董事将受到董事会其他成员的普遍重视，通过董事会内部交互作用逐渐在非正式等级中占据高位并获取相应的非职位权力。恰如 He · J. 和 Huang · Z. 所说，"董事凭借他们各自对公司战略问题的见解而分别获得来自其他董事不同程度的尊敬与关注"。

二、董事会非正式等级的重要性

作为群体的董事会有其特殊性，体现在三方面。首先，董事会成员的主要决策方式是会议讨论，而董事会会议每年召开的次数非常有限，持续时间也较为短暂，所讨论议题经常是以高层管理者为主体的总裁办公会决定的。其次，关于董事职能的具体工作描述常常是笼统和模糊的，缺乏相应的规则和程序来对之进行有效引导。最后，董事会遵循一人一票制的决议规则，包括董事长在内的每位成员所占有的决策权比重是均等的。上述条件表明，董事会需要在缺乏明确程序的背景下，在有限时间内，以民主的方式做出重要的决策。此时董事会内部若存在清晰的非正式等级，则明确的等级秩序不但使非正式等级塔尖董事（以下简称"塔尖董事"）的意见得到尊重，且其他董事更会以合作的方式围绕议题为上层董事提供建设性意见，由此增强了互动效果。此外，塔尖董事还可凭借其非职位权力解决互动过程中的无效冲突，从而提高了互动效率。

就公司外部环境而言，在经济全球化和国内市场化改革不断深化的背景下，我国政府与证券监督管理机构，以及以证券交易所、证券公司和会计师事务所等为代表的中介机构对上市公司的监管力度持续加大；与此同时，随着自媒体时代的蓬勃发展，上市公司的信息披露也日益受到以投资者为主体的社会公众的重视。因此，处于公司治理体系核心位置的董事会受到的外界压力在近年来持续加大，这使得董事会成员较之以往必然更为频繁、主动地参与到董事会治理过程中。由于董事会非正式等级是凭借董事互动发挥作用的，因此董事会互动频次和董事参与治理的积极性的提高在无形中强化了董事会非正式等级的重要作用。

相比之下，模糊的董事会非正式等级通常表现为董事之间为争夺主导权而产生纷争，更有甚者，纷争可能升级以至于突破"对事不对人"的议事规则底线。约翰逊在对某家族公司的董事会进行田野调查后发现，模糊的董事会非正式等级会对董事会决策产生负面影响。他指出，在非正式等级模糊的董事会中，董事之间会围绕支配权而进行竞争，若处理不当，此类竞争很容易升级为恶性冲突，诸如频繁打断他人发言、没有耐心倾听他人意见、奔着对抗而非合作共赢的心态进行互动以及围绕次要问题争执不休等，此行为会严重损害董事会决策的效率和效果，进而对公司运营产生负面影响。

三、董事会非正式等级塔尖成员制定双元性战略的意愿

根据委托—代理理论，就普遍性而言，公司董事会的每一位成员都是公司内

外部重要利益相关者的代言人，代表各自委托人的利益，而大多数董事也持有公司股份。因此，从利益关系上来讲，一般来说，董事会的全体成员都希望公司朝着更好的方向发展，并具备参与公司各类事项的决策、计划、执行和监督全过程的意愿。然而，就特殊性而言，非但董事会每一位成员的性格特质各有不同，且根据在董事会内部所受到的尊重程度，其偏好的决策类型[①]及偏好程度也势必存在差别。

根据马斯洛的需要层次理论，社会中的每一个体都具有依次上升的五个层次需要，即生理需要、安全需要、社交需要、尊重需要（依次包括自尊和他尊）和自我实现需要。当前一层次的需要基本上得到实质性满足后，对个体而言，它便不再具有激励作用，此时，下一层次的需要便上升为个体的主导需要。我国作为社会主义法治国家，经济稳定发展，已经建立了较为健全的社会主义市场经济制度，拥有发达的国内统一市场，已在全国范围内满足了人民的生理需要、安全需要和社交需要。对公司董事会成员而言，他们通常有着较高的社会地位、优秀的个人履历、强烈的自尊心且普遍受到社会公众的尊重。具体到董事会群体中，当董事会内部存在着清晰的非正式等级时，塔尖董事在受到社会普遍尊重的基础上，还会受到来自董事会成员的额外尊重，相较于其他董事会成员，塔尖董事的他尊需要得到满足的程度更高。在这种情况下，为了在他尊需要上持续保持满足感，塔尖董事便会格外珍惜董事会其他成员对自己的额外尊重，并会努力证明这种尊重是完全值得的，因此他们有强烈的动机来履行董事会成员的职能，较其他董事会成员更为积极地参与公司重要事项的决策和执行，对已有战略规划和开发性业务的执行过程进行审计和监督，以展现自身的能力，巩固已有的地位和威望。

此外，在他尊需要得到满足的基础上，自我实现需要便自然地成为激励塔尖董事的主导因素。作为公司组织结构顶层的最受尊敬者，相较于其他董事会成员，塔尖董事有更为充沛的动力去激发自身潜力，在现有基础上主导公司战略事项的顶层设计，带领公司探索新的领域并取得竞争优势、创造新的价值增长点，以完成自我超越，取得理想中的成就。

由此可见，当公司董事会存在清晰的非正式等级时，相较于董事会其他成员，塔尖董事有充分的意愿去参与和主导探索和开发的过程。非正式等级的清晰度越高，塔尖董事的他尊需要在实质上的满足程度就越高，为维持已得到满足的他尊

---

①这里的决策类型，是指探索性决策和开发性决策两类。

需要，塔尖董事会努力执行已有的战略计划，并通过持续的开发性举措对之进行战术上的优化。另外，塔尖董事的他尊需要在实质上的满足程度越高，其个人也就更有动机落实探索性战略以满足自身的自我实现需要。

四、董事会非正式等级塔尖董事对双元性战略决策的制定和执行能力

一旦董事会非正式等级塔尖董事有了制定探索性和开发性战略的意愿，那么能否提出双元性方案就取决于其是否具备相应的规划和决策能力。塔尖董事之所以在董事会中受到其他成员的格外尊重，究其原因，除了其个人特质、资历和各种荣誉称号[①]等因素外，最重要的原因在于董事会其他成员对塔尖董事既往成绩的肯定，认为塔尖董事在履行董事会职能、促进公司发展等方面胜己一筹。

当前流行的公司治理理论较多地强调公司利益相关方的利益，这是市场经济高度发达和科技快速发展条件下，人们的认知水平不断提高的产物。但根据委托—代理理论，从根本上说，公司董事主要承担受托责任，不同的董事通常是不同股东群体的代言人，为其所代表的股东群体的利益负责。因此，塔尖董事的成绩之所以能得到董事会其他成员的肯定，基于实用主义观点，其根本原因就在于塔尖董事在履行董事会职能过程中能够兼顾各方需求，具备平衡不同类型股东群体利益的实践能力。

一般而言，中小股东大多关注资本的保值增值和稳定的分红，相对更加注重短期效益；而以机构投资者和重要股东为主体的股东群体由于持有的资金量庞大，通常作为公司的长期投资者，并高度重视公司的战略决策以保证其投资的安全可控。由于任何正确的战略都源自当下，而外部环境和公司自身处于变化之中，随着时间的推进，原有的战略将不合时宜，其带来的竞争优势也会弱化。故机构投资者和重要股东会要求公司不断地超越现有竞争优势，创造新的价值增长点，以在长期持股期间取得更为丰厚的投资收益。因此，为了满足不同类型股东群体和关键利益相关者的需求，实现公司长期成长，公司需要适时制定战略决策，在开发现有资产的同时探索新业务和新模式，培养新的核心能力，创造新的增长点。这也在公司发展中呈必然性，同时与组织双元"作为公司长期成长的必要条件"相契合。曾格也指出，公司若欲满足不同类型股东群体的需求，从动态能力视角来看，其过程必然体现为组织双元。

---

① 荣誉称号通常表明社会对个体成绩的肯定。

结合以上论述可知，要想满足不同类型股东群体的利益需求，首先就要求公司能够"做正确的事情"，即适时制定开发性决策和探索性决策，以充分考虑公司的短期经营收益和长期价值增长点，为公司发展指明方向。当公司董事会内部存在清晰的非正式等级时，塔尖董事便得以在公司战略决策过程中占据主导地位，从而能够将自身意志上升为公司的战略决策，而其统筹不同类型股东群体利益的能力便具体表现为探索和开发兼顾的双元化决策的制定和执行。在人力资源领域，研究者将这种统筹探索和开发举措的个人能力定义为个体双元[①]。

研究表明，战略决策者的个体双元是公司组织双元的先决条件，优秀的战略决策者必然具备出色的个体双元。有学者借助网络视角也指出，公司战略决策者可凭借个体双元塑造高层管理团队的认知过程，进而将组织双元体现于公司层面。奥赖利和塔什曼在考察众多长期取得成功的公司的共性后发现，组织双元是公司实现长期成长的必要条件，它的具体实现需要三个因素：建立探索系统，建立开发系统，培养探索和开发系统的高层领导团队。其中，具备上述能力的高层领导团队是组织双元的根本。当董事会非正式等级结构清晰时，塔尖董事便成为公司董事会的核心，是公司战略的实际主导者和推动者，其个体双元必然会通过履行董事会职能对公司的组织双元产生重要的影响。

董事会的主要职能是决策和监督。就决策而言，在高度清晰的董事会非正式等级中，塔尖董事的个体双元体现在其前瞻性上，即能够以清晰的双元化思维为指导思想，结合实际形成相应的战略意图和执行计划，并运用非正式等级赋予的非职位权力将其贯彻到董事会决策中。这些决策包括决定公司内部管理机构的设置，使组织具备探索和开发的结构性条件，选聘具备个体双元的公司管理层以整合资源、执行组织战略；为了在可预期的未来为公司带来持续稳定增长的收益，对公司现有的明星业务制定增资计划以扩大市场份额，并跟踪消费者需求，持续进行渐进式创新投资；为了应对未来环境可能出现的变化，为公司创造新的价值增长点，持续对外部环境进行监测。

[①] 个体双元，即"个体统筹整合探索与开发举措的行为能力"，大致具有认知、技能、宏观视野和学习四个特征。在认知方面，由于探索和开发活动在目标、资源、时间范围、风险、与现行战略的匹配度和管理等方面存在着固有的矛盾，战略决策者通常具备辩证思维；在技能方面，战略决策者不仅可以从复杂的外部环境中把握机会，还能根据环境的变化与组织的利益在不同的行为之间快速"切换"，以保证各项工作的顺利实施；在宏观视野方面，双元决策者是视野宽广的"多面手"，能够从组织整体利益的大局出发，对不同的业务进行削减、整合，并对未来进行畅想；在学习方面，双元决策者具备快速学习能力，能够有效捕捉机会、规避威胁。

此外，再好的计划若不能得到好的执行，也无法产生预期的效果。董事会监督职能的履行是必不可少的。在清晰的董事会非正式等级中，塔尖董事通常拥有较大的自由裁量权，借此可以更为迅速地更换调整与任务所需不符的管理人员，从而为组织双元所需的组织结构、创新氛围、公司文化、产品控制等提供了有力的保障。

综上所述，本研究提出如下假设。

H1 假定其他条件不变，董事会非正式等级的清晰度与组织双元正相关。

第二节 组织双元与公司绩效

一、组织双元与财务绩效

随着经济全球化进程的不断加快，公司面临着由技术发展、颠覆性创新、激烈竞争、政府法规和行业结构变化所带来的机会与威胁，这给公司的战略能力构建带来了挑战。在一个充满波动性、不确定性、复杂性和模糊性的"新常态"世界里，明确战略计划的理念正在逐步消失，取而代之的是如何形成适应环境变化的灵活战略。

在适应环境变化上，组织越来越需要在探索与开发之间掌握平衡。倘若某一组织将主要精力用于探索活动，并通过变革性创新来面对环境变化，组织可能凭此获得难以为竞争对手所模仿并足以影响竞争规则的新能力，或组织成功开拓了新的或新兴的产品市场，进而便可能取得财务绩效的增长。然而，探索活动存在内在的风险，搜寻、研发、实验等所需的投入成本通常较高，且组织前期的创新在当期的收益上存在不确定性，故而过度的探索活动会使组织以效率为主要考量的现有业务的进展放缓，导致其财务绩效下降。反之，若组织将过多的资源用于开发活动以追求现有技术和营销等活动的渐进式改进，则其适应当前环境条件和现有顾客需求的能力必然会得到提高。虽然相较于探索活动，开发活动在收益方面更加可预测，且收益的实现周期也相应地缩短，但正如莱文塔尔所指出的，组织过于注重开发活动会使公司陷入"过时"的境地。因此，公司过度依赖开发活动也会导致财务绩效的降低。

由于认识到探索和开发活动各自在组织适应性上的局限之处以及对财务绩效影响的不确定性，众多研究者认为公司的竞争力根植于组织将探索与开发并举的能力。组织双元被认为是在环境波动条件下公司所实施的有效战略，因为组织双元侧重于探索与开发齐头并进，因此有助于公司保持战略敏捷性，既能与现有环境保持一致，又能适应可能出现的动荡。组织双元的培养与公司对外部环境变化的长期匹配和经营绩效有关，特别是在知识密集型行业，因此，组织双元被视为组织取得成功的关键因素。

许多学者认为，由于"探索"和"开发"对不同组织架构和流程以及不同组织学习模式提出了要求，组织双元很难在战略层面实施。因此，公司需要平衡探索与开发之间的资源分配问题。但是，随着公司所面临的环境越来越不稳定，倒逼公司提高实施双元战略的可能性。研究表明，组织双元与更长的生存周期、更好的财务表现和更高的创新水平相关。因此，尽管组织双元的实施充满困难与挑战，但在适当的战略环境中执行时，这些复杂的组织设计与持续的竞争优势相关。因此，组织双元的构建对于公司的生存和长期发展至关重要。

组织双元植根于公司对开发的感知以及获取和重新配置资源以适应环境变化的能力。因此，只有探索和开发双管齐下，公司才能够快速感知外部环境中的机会和威胁。本研究认为，一家公司的竞争能力取决于共同追求两种定位的能力，为了使公司保持适应性并摆脱环境选择的影响，它们必须利用现有的能力并探索新的能力。组织需要学习的这两个方面无法分割，对两者的追求都会对各自的生产性服务产生积极影响。尽管组织双元的战略定位不能保证公司的后续业绩，但它是一个重要的核心驱动力，具备优秀组织双元的公司能够以不同的方式分配资源，积极面对环境中新的挑战，从而摆脱成熟、固化的商业模式，并挖掘充满不确定性的产业。因此，组织双元可以提高公司相对于竞争对手的回报，因为它们能够更好地获得和维持在市场上的竞争优势，从而保护它们未来的现金流。这些优势对提高公司的财务绩效而言均具有重要意义，特别是当公司面临经济危机时，组织双元能够通过探索与开发的互补性提高公司的应变能力、抵抗能力和恢复能力。本研究预期，注重探索和开发的组织双元能够使公司在兼顾多样性和灵活性的同时兼顾务实和现实。这种双元组织结构可以通过开发活动变得更有效率，还可以通过探索产生新的想法，无论是对于公司的日常经营还是经济困境而言，均有利于财务绩效的提升。据此，本研究提出如下假设。

H2a：假定其他条件不变，组织双元与财务绩效正相关。

二、组织双元与创新绩效

经济全球化和技术的快速发展使公司面临的商业环境越来越具有挑战性，为了在激烈的环境中生存并发展，公司必须不断提升自己的产品与服务质量。而产品与服务质量的提升离不开公司对自身创新能力的培养，故而相对于财务绩效，创新绩效的提升日益受到各行各业的广泛重视，日渐成为决定公司持续生存的重要指标。

从公司健康成长的战略视角进行审视，可将创新分为两类：一类是探索性创新，另一类是开发性创新。其中，探索性创新聚焦于未来，目的在于使公司超越现有的竞争优势，实现可持续成长。这一类创新通常偏重于技术创新，既可以是颠覆性的，也可以是渐进式的，本着满足消费者未来的需求进行摸索。但由于消费者未来的需求充满了不确定性，因此，它通常需要较高的容错率（创新失败通常包括技术探索失败和创新成果不符合消费者需求两种）。创新投入充满了风险，极易遭受成本损失，有时候这种损失是巨大的。但其优势在于，一旦实现了创新产出，那么公司的未来发展便在技术上得到了有力的保障，使公司先于竞争对手取得竞争优势。探索性创新对于公司未来的发展而言至关重要，对探索性创新的忽视将导致公司逐渐失去现有的竞争优势，可持续成长难以为继。然而，对探索性创新过度投入依然不可取，这会导致公司创新资源的不必要消耗。过量的成本占用会对公司现有的经营造成消极影响，从而不利于公司扩大市场份额。况且，基于探索性创新的高度不确定性，一旦创新失败，过量的资金占用会给公司造成难以挽回的损失。这无疑不利于公司整体的创新产出。

相对于探索性创新，开发性创新聚焦于公司的短期发展，即当下和可预见的未来。开发性创新的目的在于降低现有业务的生产成本、提高生产效率、提高产品质量等，以更好地满足消费者需求、扩大市场规模等；其创新的内容也较探索性创新更加多元，包括技术改进、营销手段、制度等方面的创新；其方式通常是渐进式的。通过一系列开发性创新行为，公司有望实现更有效率开发明星业务等经营效果，最终保证短期收益的有序增长。与探索性创新相比，开发性创新的风险更小，结果更加具有可预测性，通常为公司的经营管理者所偏爱。然而，过度进行开发性创新会使公司在探索性创新上缺乏资金，从而在未来竞争中丧失先机。此外，若管理层执着于开发性创新，久而久之便会在思想上固化，这便进一步阻碍了合理的探索性创新。再者，同类技术和商业模式的改进由于受到当前科技发展水平的限制，其创新产出体现了边际效益递减规律，过度的开发性创新投入无疑会阻碍公司的创新产出。

由此，组织单纯追求探索或开发在一定程度上都可能造成公司创新绩效的下降，公司需要同等重视探索性创新和开发性创新，并结合外部环境的变化在二者间灵活机动地分配各类资源。只有这样，才能保证公司的持续健康成长，这也是公司培养组织双元的必经途径。众多组织双元研究也表明，组织双元有利于公司创新绩效的可持续提高。奥赖利和塔什曼对9个行业的15家商业公司进行案例研究，发现长期繁荣的公司同时具有探索和开发行为。他们利用现有的能力调整其流程和产品来进行渐进式创新；同时他们展望未来，探索实现激进或突破性创新的可能性。因此，组织双元使公司既能够维持和持续发展传统业务，又能创造新的业务线。奥赖利和塔什曼还阐述了双元结构在创新团队中的体现，他们发现，双元组织比其他结构更能成功地生产出突破性产品。

综上，探索能力和开发能力的协同能够使公司在当前与未来的竞争环境中取得先机，从而提升公司的创新绩效。据此本研究提出如下假设。

H2b：假定其他条件不变，组织双元与创新绩效正相关。

第三节　组织双元的中介作用

一、董事会非正式等级、组织双元与财务绩效

就董事会非正式等级与公司财务绩效的关系而言，虽然现有文献大多将二者直接联立，并通过实证检验证明董事会非正式等级对公司财务绩效起着正向影响。但若从董事会职能的角度对这种关系进行审视，便有充分的理由对二者的直接关系提出质疑。这可从理论依据和实证方法论两个方面进行论证。

从理论依据方面讲，根据委托—代理理论，我国公司的法人治理结构包含三个层次的委托代理关系，分别是股东大会和董事会、董事会和经营管理层、股东大会和监事会。其中，董事会代表股东利益，承担对股东大会的受托责任，负责公司的战略决策并对经理层进行监督，并不直接行使公司的日常经营管理权，而公司的经营管理层则由公司董事会选聘的具有专业知识和技能的经理人员组成，对董事会负责，在董事会的授权范围内具体掌管和处理公司事务，受到董事会的监督。由此可见，受职能和专业能力所限，董事会对公司财务绩效的贡献更多的

是在组织结构安排、预算拨付、人员选聘等经营情境方面，并通过对监督职能的履行为经营情境的稳定和所做规划的稳步推进提供保障，而公司经营管理层的指导思想和管理能力才是公司财务绩效的直接影响因素。当前，已有为数不少研究发现，董事会结构与公司业绩没有直接的实质性联系，结构对绩效的影响依赖董事会行为这一中介。

从实证方法论方面讲，根据海斯的观点，"不管我们在主变量之间加入多少介入性变量，我们也不可能对主变量间的关系做出完全正确的解释"，故而中介变量无疑会使主变量间在逻辑关系上更为科学、具体。具体到董事会研究，约翰逊指出，董事会特征与公司绩效在逻辑关系上相距甚远，因此将二者直接联系存在不足之处，而将与董事会特征在逻辑上更为接近的董事会决策或行为作为二者的中介变量纳入模型则更为合理。因此，约翰逊认为，"若想打开董事会可观测变量与公司绩效之间存在的'黑箱'，未来研究纳入与二者在逻辑上更为接近的中介变量无疑是更合理的"。

此外，在公司经营实践中，通常存在公司高级管理人员兼职董事的现象，如董事长与总经理两职合一，高管团队成员兼任执行董事等，以至造成董事会直接参与公司经营的现象，但从实质上讲，这非但不违背委托代理条件下所有权与经营权相分离的原则，且高管人员兼职董事还有利于董事会及时了解公司经营情况，抑制信息不对称导致的管理层机会主义行为。而对于董事会直接参与公司经营的情况，在现代公司治理制度日益规范化并为大多数国家法律法规所要求的条件下，董事会与经营管理层各司其职是大多数公司优化资源配置进而走向壮大的最佳选择，董事会作为决策和监督主体间接参与公司经营已成为当代公司治理的主流。

董事会非正式等级对组织双元的正向作用，以及组织双元对公司财务绩效的积极影响，其作用机理已在前文详细阐述。在此需要强调的是，作为公司的动态能力，组织双元始于公司战略决策层的双元化思维[①]，为将双元化发展理念贯彻于公司整体[②]，董事会需要制定一系列战略和战术决策，使公司内部产生有利于

[①] 战略决策层的双元化思维并不局限于董事会领导者的个人认知，还包括创始人的经营发展理念及其传承。

[②] 双元化发展理念的贯彻体现在探索单元的创立由公司最高领导团队直接负责，其资本来源于以开发单元的经营收益为主体的预算拨款、股权和债权融资等渠道，探索单元和开发单元的日常经营由各自单元的领导者负责，为提高探索单元的成功率，最高领导团队通常在探索性业务的选择上采取相关多元化战略，并从公司长期健康成长的大局出发，出面协调开发单元和探索单元的关系，使开发单元从人力、财力、技术等方面对探索单元予以支持，促进探索单元的发展。通过对双元化发展理念的贯彻，公司便得以在维持当前收益稳定的基础上，提高实现长期发展的可能性。

探索和开发行为的物质、人才和文化条件，也即经营情境，并通过后续的监督与调整使双元化经营情境具备短期弹性和长期稳定性。除此之外，组织双元还离不开公司经营管理层对董事会探索和开发决策的认同与执行，经营管理者既然为董事会所聘，就必须要在董事会所创造的经营情境中充分发挥主观能动性，从文化、团队、学习、创新、营销乃至商业模式等方面做到与各自所负责的业务类型相匹配，推动业务的发展，提高经营绩效。

由此可见，组织双元框架结构的形成和维持离不开公司战略决策层的顶层设计和贯彻，框架结构内的具体活动则由受聘于公司董事会的经营管理层具体负责，并在行为上受到董事会的监督，最终结果则体现为公司长期健康发展，其重要标志之一则为财务绩效的提升。这清晰地表明，组织双元在董事会和公司财务绩效之间起承上启下的作用。

综上所述，本研究提出如下假设。

H3a：假定其他条件不变，组织双元在董事会非正式等级与财务绩效间起中介作用。

二、董事会非正式等级、组织双元与创新绩效

不深究地讲，当董事会内部存在清晰的非正式等级时，的确有理由认定其对公司的创新绩效会产生积极影响。笼统的原因在于，塔尖董事为了满足自我实现需要，会提出或采纳具有创新导向的想法，出于对塔尖董事的尊重和对其能力的认可，董事会其他成员则会主动以合作的积极态度，为其想法提出建设性意见，从而使该想法顺利地上升为董事会的决策，而从结果反向推导的话，任何创新成果都始于决策，这是一方面理由。另一方面的理由则在于，若董事会非正式等级是模糊的，董事会成员彼此之间缺乏发自内心的尊重，便会在心态上"以我为主"，执着于让自身想法通过决议，"全明星"式的董事会更容易如此，这必然会导致议事过程争论不休，更有甚者，董事会会议会变为争吵的场所，乃至发生相互攻击和贬损的非理性行为，其结果无疑会阻碍创新性决策的推出。在实证研究领域，已有研究支持上述判断，如曾江洪和肖涛就已经发现董事会非正式等级清晰度正向影响公司技术创新绩效，技术性独立董事从中发挥调节效应。

然而，从董事会职能视角来审视上述关系，便会发现将董事会非正式等级与创新绩效简单联立在理论逻辑和实践逻辑两方面都是不够严密的，无法打开董事会战略参与行为与公司创新产出的黑箱。理由在于，包括塔尖董事在内的董事会

成员的本职工作是履行决策和监督职能,并不直接从事公司创新过程的具体事项,而这恰恰是公司管理层的义务,故不可将二者直接联立。

董事会非正式等级对公司组织双元的影响机制前文已充分分析。组织双元的核心内涵是创新。作为公司动态能力,组织双元本身是无质的,其系统化地体现于围绕创新类型而产生的公司文化、组织结构、技术特点、管理者类型等方面。对此,奥赖利和塔什曼指出,组织双元的具体体现需要一个将公司技能、结构和文化相整合的条理清晰的系统以进行探索,一个与前者相区别的同构系统以从事开发。由此可推论,就创新成果而言,董事会的主要作用在于为保证探索性创新和开发性创新过程的顺利实施创造条件:董事会首先凭借对决策职能的履行来制定探索和开发战略,并根据规划来进行预算拨款,划分战略业务单元,设立事业部,明确其组织结构,选聘与创新类型相适应的管理者以具体负责事业部文化、经营理念、研发实践、商业模式和管理风格(包括容错强度在内)等方面的建设;其次,通过履行监督职能对管理者的工作进行检验和控制,从方向和操作两个方面保证创新处于正确的轨道上。在整个过程中,非正式等级的清晰程度将直接影响董事会战略参与的效果和效率,进而最终对公司的创新产出产生间接作用。

综上所述,本研究提出如下假设。

H3b:假定其他条件不变,组织双元在董事会非正式等级与创新绩效间起中介作用。

第四节　CEO权力对董事会非正式等级与组织双元的调节效应

He·J.和Huang·Z.选取CEO在董事会非正式等级中的位置作为调节变量,通过收集530家美国制造业公司的七年期面板数据并对其进行实证检验后发现,CEO是否为占据董事会非正式等级塔尖位置的成员(以下简称"塔尖成员")对董事会非正式等级和公司财务绩效之间的关系并无影响。究其原因,首先是占据非正式等级塔尖的CEO数量较少,这提高了统计检验的难度;其次是在颁布《萨班斯-奥克斯利法案》后,CEO对担任外部董事持谨慎态度。He·J.和Huang·Z.指出,将同一组变量放置于不同的背景中时,对变量关系的边界便要做权变考虑。He·J.和Huang·Z.是在美国背景下进行研究的,美国的价值观、文化、法律、公司治理模式和监管要求与中国相比有很大的不同。根据诠释学的观点，人是在自身所处的生活世界中进行自我解释的。以此论之，中国文化和制度情境之下的 CEO 将可能与美国情境之下有着不同的行为逻辑展现。因此，本研究将 CEO 权力纳入董事会非正式等级影响组织双元的研究体系中，研究其对董事会非正式等级与组织双元关系的调节效应。

CEO 权力调节作用的发挥依赖于两个渠道。一方面，较大的 CEO 权力在组织中会产生严重的代理问题，组织双元是一种兼顾短期绩效与长期发展的战略行为，而较严重的代理问题会阻碍组织双元的构建。高管们将资源投资于探索或开发活动的决定，取决于他们对相关风险的评估，以及对这些决定带来的风险承担责任的程度。强势 CEO 会受到这种资源分配决策的影响。以往研究表明，探索活动与公司的高风险和高回报有关。探索活动通过扩大产品范围和相关的目标市场，为改善公司的产品组合和提升市场占有率带来了新意。探索活动是激进的，有权势的 CEO 更有可能追求探索活动，这是因为强势 CEO 关心的是在塑造组织方向方面保持他们作为权势角色的地位。探索活动有助于扩大公司目前的产品市场组合和规模。因此，领导一个更大、更复杂和高度多元化的公司可能有助于扩大 CEO 对公司及其利益相关者的影响力，这种"帝国建设"的观点在公司治理文献中大量存在。而公司开发活动通常与通过推出新一代产品和服务来扩大当前的产品市场组合有关，开发活动侧重于提高现有产品的效率和生产力，并创造更好的满足相关目标市场需求的方法。但是，强势 CEO 不太可能追求开发活动。这是因为开发在本质上是渐进式的，缺乏显著的收益（预期值），不成比例地将更多的资源分配给这类创新可能对强势 CEO 没有吸引力。因此，强势 CEO 不太可能实施开发活动，因为这样做并不能显著地扩大他们的个人财富和权力。因此，CEO 权力的存在通常会迫使公司在探索与开发之间做出选择，这将不利于组织双元的构建。

另一方面，当 CEO 权力较大时，其对组织双元的战略决策会通过干预董事会决策过程来实施。由于董事会非正式等级是一种隐性的群体结构，董事会成员在正式职务上的差别虽然会影响非正式等级的职能发挥，但是除了董事会成员内部之间的互动机制对战略决策产生影响外，CEO 也会通过个人影响力去干预董事会成员的决策过程。权力一方面表现为行为主体实现其目标的能力，另一方面也体现为从其他主体那里调用和使用资源的能力。根据不完全契约理论，公司在本质上是一组契约的集合，个人有限理性、环境不确定性和信息不对称性等原因，造成了契约条款的不完全，从而产生了剩余控制权问题。由于 CEO 直接负责公司的日常经营，相对于一般董事，在信息和管理方面具有明显优势，天然地拥有攫取剩余控制权的条件。出于和董事会在效用函数上的差异及对自身利益的追寻，公司 CEO 有可能会从事机会主义行为。当 CEO 权力过高时，便有较大的选举权，他们在选聘和提名董事会成员上具有一定的话语权，通常会任命那些与自己存在亲密关系的人进入董事会，而这些董事在一定程度上代表着 CEO 的个人利益，他们会提交符合 CEO 利益的提案，这将有利于贯彻符合 CEO 自身利益的组织双元战略。因此在关于组织双元的构建方面，他们也通常会提出反对意见，这将会在一定程度上削弱董事会存在的非正式等级制度对组织双元的促进作用。基于此，本研究提出如下假设。

假设 H4：假定其他条件不变，CEO 权力的存在会抑制董事会非正式等级对组织双元的正向影响。

第五节　环境不确定性的调节作用

一、董事会非正式等级、环境不确定性与组织双元

在越来越日趋多变的环境下，如何应对不确定性成为组织需要面对的核心议题。对组织而言，环境不确定性体现为由于信息缺乏而无法做出决策。广义的环境不确定性包括状态不确定性、效应不确定性和反馈不确定性，而狭义的环境不确定性仅指状态不确定性，也称感知到的环境不确定性。米利肯将狭义的环境不确定性定义为："为管理层所感受、认知到的组织环境或组织环境的某个特别组成部分的不可预测性。"该视角下的环境不确定性是一种主观的感受，具体而言，如高层管理者无法预测相关组织或关键的组织支持者（即供应商、竞争者、消费者、政府和股东等）会采取何种行为，或高层管理者无法对组织环境（即社会文化趋势、人口统计变化、技术的进步等）中一般变化的可能性及其性质进行推断。本研究采用狭义视角探究环境不确定性的调节作用。

资源依赖理论认为，公司作为开放的系统其发展受外部环境变化的影响，战略决策者也要根据环境的变化制定和调整战略。在环境不确定性越来越大的背景下，为了当前和未来的发展，公司必定在宗旨、文化、战略、结构和经营等方面进行适应性变革，此时战略决策者个体双元和组织双元的重要性较之以往必然显著增强。本研究从两个方面对此进行分析。

环境不确定性通常以环境变化的频繁性和难以预测性为特征。在高度动态的行业中，行业内公司快速决策的能力对绩效的影响是至关重要的。有学者指出冲突解决能力能够影响战略决策的速度。希特的研究发现成功的公司可凭借简化组织结构应对环境动态性问题，原因是组织结构的简化以及清晰度的提高有助于强化组织各部门的责任，并对环境变化做出快速的回应。考虑到董事会的特殊性（会议时间短、会议次数少、职能描述笼统以及一人一票制的决策规则），可知当环境不确定性提高时，董事会战略议题将更具突发性、频繁性和矛盾性，从而在客观上加大了董事会进行战略决策的难度，提高了董事会互动过程损失的潜在性。由于源自非正式等级的协调性有助于提高群体沟通的效率和效果，结合上述研究结论，可推知，当环境不确定性不断提高时，董事会非正式等级对组织双元的培养将更为凸显。

在较为稳定的环境中，由于突发性变化较少、可预测程度较高，公司此时将更加注重以效率为核心的开发活动，与之相对应，公司在文化、战略、结构和运营等方面更加强调分工和协调。稳定环境下的有效战略当以内在匹配为主，此时，兼顾探索的柔性战略将产生更多成本并分散管理者在开发活动上的精力，由此可能削弱管理者对匹配型战略的执行力度。因此，在稳定的环境下，董事会非正式等级对组织双元的影响会受到抑制。

当环境不确定性提高时，变化的频繁性、突发性和难以预测性使匹配型战略难以为继，此时的董事会非正式等级的结构将可能制定更为柔性的战略并选聘双元管理者予以执行。研究发现，当环境处于高度不确定性时，具备个体双元的战略决策者凭借其辩证思维、"探索—开发"角色的"切换"能力、宏观视野和快速学习能力，能够客观看待矛盾性需求，快速、有效地对组织战略进行修正或变革使之更具柔性，整合内部资源并选聘双元管理者以适应新环境，从而持续保持组织双元。因此，相较于稳定的环境，对处于环境不确定形势中的公司而言，董事会非正式等级对组织双元将发挥更为重要的作用。据此，本研究提出如下假设。

H5：假定其他条件不变，环境不确定性越高，董事会非正式等级对组织双元的影响越大，即高度不确定的环境会强化董事会非正式等级对组织双元的影响，而低度不确定的环境会减弱这种影响。

二、组织双元、环境不确定性与财务绩效

根据钱德勒的观点，环境影响战略，战略进而决定组织结构是管理学领域内的一个普遍性认知。公司及其外部环境是处于持续变化中的，作为结果，组织与

环境的交互方式也在不断变化。在经济全球化和国内市场化改革不断深化的大背景下，组织外部环境的变化加快并且越来越难以为组织所预测，因此，组织必须强化自身适应环境变化的能力。有学者指出，环境快速变化时，当组织更为注重对环境的外部适应时，则内部匹配往往被忽视（即开发活动）；同样，当组织寻求更为协调地匹配组织结构和行为过程时，外部匹配（即探索活动）又倾向于被搁置。组织在处理内部匹配和外部匹配时的顾此失彼体现了当环境不确定时，组织双元对财务绩效的影响将更为重要。

伏尔伯德认为，为维持组织在功能上的灵活性，公司必须具备组织双元。他进一步指出，当公司的外部环境越来越难以预测且行业中的竞争越来越激烈时，探索（如外部匹配）与开发（如内部匹配）之间的固有矛盾会进一步被激化。詹森认为，随着市场竞争强度的持续提高，公司的经营将愈发困难，此时组织双元较之以往将发挥更为重要的作用。有学者指出，公司的组织双元水平较高，不仅可以缓解持续增强的探索性压力，同时，还能兼顾探索活动，如新产品的研发和新市场的搜寻。换言之，当环境呈现不确定性时，相较于稳定的状态，组织双元较强的公司可以更有效地克服环境带来的"探索—开发"矛盾性张力，这不仅有助于公司当前的有效运营，还有利于其持续繁荣。据此，本研究提出如下假设。

H6a：假定其他条件不变，环境不确定性越高，组织双元对财务绩效的影响越大，即高度不确定的环境会强化组织双元对财务绩效的影响，而低度不确定的环境会减弱这种影响。

三、组织双元、环境不确定性与创新绩效

根据动态能力的观点，公司包括创新活动在内的生产经营需要时刻考虑外部环境的变化，只有和环境的要求，如政策要求、供应商要求、消费者需求、社区要求等相匹配时，公司的经营活动才能取得成功。进一步从组织双元的视角进行审视，虽然环境不确定性会给公司的生产经营带来一定的威胁，但同时也为公司创造出了相应的机会，对外部机会的把握需要公司经管层能够对自身业务做出灵活调整，这对于作为框架化动态能力的组织双元而言，恰逢用武之地。

当公司所处的外部环境较为稳定时，由于探索性机会有限，公司的探索性能力会受到限制，难以得到有效发挥，此时的公司从事探索性创新所面临的风险也就更高。与此同时，稳定的环境却带给公司现有的业务发展更为可靠的预期，公司可以沿着既有的轨迹循序渐进，此时进行开发性创新的风险较之以往更小，开

发性创新成果较之以往更加有保障。在这种情况下，一般而言，公司会更有意愿将更多的资源投入开发性创新，以取得更加稳定的收益和规避探索性创新的不确定性。但由于组织双元无法得到有效的发挥，公司的探索性创新成果会受到抑制，且开发性创新同样会面临边际效益递减的境况，因此，组织双元对公司整体创新绩效的影响会受到抑制。

当公司所处的外部环境较为动荡时，与稳定的情况相反，公司会获得更多的投资机会。此时，当公司具备较强的组织双元时，其探索性能力便得到了有效发挥的空间，公司可以充分地捕捉机会，并据此进行组织变革，设立新的业务单元，进行探索性创新。而对开发性业务而言，由于环境充满不确定性，出于危机管理的需要，具备较强组织双元的公司会充分地重视开发性创新，通过优化现有业务来保障公司短期收益，为应付未来可能的变革做好充分的物质准备。因此，当外部环境的不确定性较强时，在不考虑资源约束的情况下，当公司具备较强的组织双元时，公司的探索性创新和开发性创新的执行力度都会更大，公司整体的创新绩效也会得到提高。据此，本研究提出如下假设。

H6b：假定其他条件不变，环境不确定性越高，组织双元对创新绩效的影响越大，即高度不确定的环境会强化组织双元对创新绩效的影响，而低度不确定的环境会减弱这种影响。

第六节　资源约束的调节作用

一、董事会非正式等级、资源约束与组织双元

称职的董事会应使公司在战略层次上与外部环境的发展保持和谐。董事会应为公司战略带来新的有价值的隐性信息，并且对公司战略中存在的机会和威胁提出建议（如改变消费者偏好），帮助识别环境中的弱信号（如新兴技术），建立预警系统以对突发的变化有所防范（如监管），并提供最佳的评估和判断（如新的工作方式）。因此，聘请具有丰富资源和能力的董事进入董事会至关重要。由于职能专长在不同董事间存在差异，这种由个人能力和影响力造成的差异会在董事会内部形成非正式等级。董事之间的地位差异使得董事之间的异质性增强，异质董事会可能更倾向于同时考虑长期和短期问题，同时也更善于提出不同的解决思路，创造性地调和探索和开发的矛盾需求。因此，董事会非正式等级所形成的异质性能够为公司组织双元提供条件。

然而，组织双元的培养需要资源支持，正如前文所强调的，探索和开发两者存在对立性，会在组织内部造成资源挤占问题，组织需要有足够的资源来保证双元战略的实施。有学者认为，现代公司在谋求市场竞争时常常会面临资源匮乏的危机，如何有效整合和利用资源以提升公司绩效成为公司需要解决的重要问题之一。

大量研究探讨了组织如何利用资源实现组织双元。例如曹勇等发现公司在资源匮乏的情况下，往往利用资源拼凑技术来执行双元化战略。学者吴亮和刘衡指出，资源拼凑既可以通过"异质性"重组方式帮助公司打破固有的资源结构，更新资源排列组合，从而为公司获得战略机遇，又可以通过"将就利用"和选取"满意解"方式帮助公司利用已有资源加强组织稳定性，从而保证了组织双元的实现。资源整合不仅能够促进公司探索新技术，还能帮助公司充分挖掘客户潜在需求。因此，资源获取对公司做出双元化决策的意义重大。但是，这些研究均关注从公司内部获得资源，很少去关注组织如何从外部获取资源这一问题。

事实上，任何公司的成长都离不开外部资源的整合和支持，然而，对于民营公司而言，资源约束尤其是融资约束问题更为突出。资源约束是指环境对组织可持续发展的支持程度。本研究认为，外部资源的获得在一定程度上也能够影响董事会非正式等级对组织双元的影响。具体而言，当公司面临较为宽松的外部资源环境时，董事会非正式等级的存在会促使组织将外部资源运用于组织双元的构建，但是当公司存在外部资源约束时，董事会非正式等级对组织双元的作用便难以发挥。据此，本研究提出如下假设。

H7：假定其他条件不变，公司的资源约束程度越低，董事会非正式等级对组织双元的影响就越大。

二、组织双元、资源约束与财务绩效

组织是开放式的系统，必须通过与外部环境进行交互获取自身发展所需的资源。比如，技术知识和行业信息可通过与外部团体合作获取。从这个方面讲，组织大致可根据其可获取的有效资源对外部环境进行分类。在资源约束程度低的环境中不但存在着众多的成长机会，而且组织可从中获取足量的资源以供自身发展。因此，在资源充裕的环境中，公司获取自身所需资源的难度和成本都相对较低、速度较快，而一些关键资源如财务资本和人力资源恰恰对从事复杂活动的公司而言是相对稀缺的。

本研究认为，资源约束状况对公司组织双元与财务绩效之间的关系具有重要影响。当资源约束程度较低时，公司可以相对简单地从外部单位如商业合作伙伴、金融机构中获取所需的额外资源，有利于组织维持良好的绩效。反之，当外部环境对公司的资源约束程度较高时，此时组织从外部环境中获取稀缺资源的速度较慢、成本较高并且难度也增加了。因此，为实现长期的生存与发展，受到资源约束程度较高的公司必须对自身资源进行合理的配置，以便在对现有业务进行合理投资的前提下不被未来的市场竞争所淘汰。在这种情况下，组织双元和财务绩效之间的积极关系将被减弱。由此，本研究提出如下假设。

H8a：假定其他条件不变，公司的资源约束程度越低，组织双元对财务绩效的影响就越大。

三、组织双元、资源约束与创新绩效

根据资源基础观，公司拥有的资源是公司持续发展以及获取竞争优势的源泉。在资源较为充分时，公司拥有更大的战略选择自由，能够完成对未知领域的探索；但在资源较为匮乏的时候，已被组织吸收的资源使公司能够开展开发式活动，对现有产品和服务进行改造，以获取短期经济效益，保证当前的生存。已有研究发现，开展双元化创新战略的公司进行了更多的资源拼凑活动，且资源拼凑有利于提升公司绩效。曹勇等也发现组织双元在资源拼凑与创新绩效之间发挥中介效应。无论是基于组织资源拼凑还是组织资源冗余的研究，都暗含了公司资源稀缺这一条件。在当前传统经营领域竞争激烈且要求技术创新的背景下，大量公司均面临着资金短缺问题，这对组织双元的培养提出了挑战。

当公司具备了组织双元所要求的有形和无形条件（包括业务单元地点、组织结构、文化、人员、领导层等）后，探索性创新和开发性创新能否按计划开展便在相当程度上取决于公司是否具备相应的资源，资源的多寡在很大程度上影响了创新计划所能完成的程度。从创新的各个阶段来考察，无论是创意的形成，对创意的实验，对创新成果的测试和优化，还是后续的推广，都离不开资源的支持。资源包括人才资源、资金、原材料、合适的地点等，此外，资源获取本身也需要成本，资源越稀缺，获取成本也就越高。且有研究表明，探索性创新和开发性创新所需的资源类型存在差异，对于开发式创新所需的资源，公司通常已有较长时期的积累，有着确定的获取渠道，资源获取成本低。对于探索式创新所需的资源，一般情况下公司对资源和获取资源的渠道缺少前期的积累，因此在探索性创新之外，还要进行资源和资源渠

道的探索，由于探索本身存在的高不确定性、高风险等，故相对于开发性创新，开展探索性创新活动所需的资源成本更高。因此，当公司面临着较强的资源约束时，公司在开展探索性创新和开发性创新的自由度上就受到了很大的限制，这势必会抑制公司的创新产出。此外，由于探索性创新本身相对于开发性创新的更高风险和更高成本的问题，相比之下，公司的高管层势必会在行为上更加倾向于开发性创新，这便进一步抑制了探索性创新成果的产出。由此可见，当公司受到较强的资源约束时，公司的创新行为将受到资源约束本身和与之相伴生的公司高管层避险行为的双重影响，这无疑会抑制组织双元对创新产出的影响。

由此，本研究提出如下假设。

H8b：假定其他条件不变，公司的资源约束程度越低，组织双元对创新绩效的影响就越大。

第七节　本章小结

本章基于文献回顾和相关的理论基础，提出了本研究的基本理论框架的假设内容。首先，分析了董事会非正式等级对组织双元构建意愿和构建能力的影响，认为董事会非正式等级有利于组织双元战略的形成，即本研究的假设1。其次，分别分析了组织双元对公司财务绩效和创新绩效的影响，组织双元由于侧重于"探索"与"开发"的齐头并进，既能够与现有环境保持一致，又能适应未来环境中的动荡，因此具有较高的战略敏捷性，这有利于公司维持稳定的经营状况，从而提升公司的财务业绩。而组织双元所形成的探索能力和开发能力在一定程度上代表着公司的探索式创新和开发式创新，因此组织双元也能够提升公司的创新绩效。这便形成了本研究的假设2a和2b。基于前述的分析内容，董事会非正式等级促进了组织双元的形成，而组织双元进一步提升了公司的财务绩效和创新绩效。因此，本研究进一步提出了中介效应假设3a和3b。至此，完成本研究的主假设提出。接着，进一步考虑主假设发挥作用的边界变量，首先是一阶段调节效应检验，本研究分析了CEO权力对董事会非正式等级与组织双元关系的影响，主要从代理理论和董事选举角度展开，认为CEO权力在一定程度上会减弱董事会非正式等级对组织双元的促进作用，即提出本研究的假设4。接着是两阶段调节效应，本研究分析了环境不确定性和资源约束对中介效应的影响，认为环境不确定性一方面会正向影响董事会非正式等级与组织双元的关系，即提出了本研究的假设5，另一方面会正向影响组织双元与公司财务绩效及创新绩效的关系，即提出了本研究的假设 6a 和 6b。对于资源约束的分析发现，资源约束会抑制董事会非正式等级与组织双元的正相关关系，即提出了本研究的假设 7，也会减弱组织双元对公司财务绩效和创新绩效的促进作用，即提出了本研究的假设 8a 和 8b。具体的假设提出如图 3-7-1 所示。

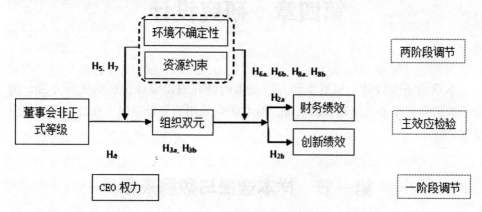

图 3-7-1 假设提出框架

第四章　研究设计

本章为研究设计。根据本研究所提出的研究假设设计合适的实证方法，阐释了本研究的样本选择和数据来源，对本研究采用的变量提出操作性定义和相应设定。

第一节　样本选择与数据来源

本研究选择 2012—2019[①] 年的深市中小板民营上市公司作为研究对象。之所以选择中小板民营公司，主要有以下几点原因。一是中小公司这一研究对象的重要性。在我国，中小公司占据重要地位，在国家税收和缓解就业问题等方面发挥着重要作用。然而，由于中小公司抵抗风险能力较差，存活周期较短，因此如何提高中小公司的竞争能力是国家关注的重要问题。二是中小公司组织双元的不可或缺性。在新冠肺炎疫情影响下，中小公司的生存能力受到了极大的挑战，这较以往更加突出了公司组织双元的重要性。在当今外部环境剧烈变动的情况下，中小公司需要能够在高压力、高威胁和高不确定性的环境下做出抵抗和反应。当公司周围的一切都"摇摇欲坠"时，中小公司要能抵抗、应对和恢复，就必须具备组织双元，这为它们提供了安全、稳定和能够立足于"险滩"的前提条件。因此，相比于大型公司，适时的双元性战略对中小公司而言更为重要，而对中小公司组织双元的影响因素进行研究更加有利于探究公司在积极应对突发环境变化时如何培养组织双元。三是与研究主题的贴切性。鉴于本研究涉及董事会非正式等级、组织双元、CEO 权力、环境不确定性、资源约束等核心变量，中小板上市公司作为介于主板公司和创业板公司之间的一种类型，兼顾了公司成长性和盈利性，公司规模介于主板公司和创业板公司之间，公司治理结构的规范程度介于主板和

---

① 其中，公司财务绩效和创新绩效数据的研究期间为 2013-2019 年，其余变量的研究期间为 2012-2018 年。

创业板之间，因而选择中小板民营公司更加贴切于本研究的研究主题。

在获得中小板民营公司样本的基础上，本研究做了进一步的梳理，最终得到 7 年 2776 个公司年度数据，为了消除极端值的影响，对连续变量进行上下 1% 的缩尾处理。本研究的董事会非正式等级数据通过 CSMAR 数据库和手工搜集 2012—2018 年上市公司董事会董事的兼任信息得到，对于董事信息缺失的，通过新浪财经、巨潮资讯网等途径进行补充。组织双元数据通过对上市公司年报进行文本分析挖掘获得，专利数据则主要来自 CSMAR 数据库上市公司与子公司专利数据库，对于数据库中未获得的专利数据则通过查询国家知识产权局官网专利数据库补充搜集。其余财务数据均通过 CSMAR 数据库获得。本研究的数据处理与实证分析所采用的软件为 Python3.8、Excel2013 和 Stata15.0。

第二节　变量测量

一、被解释变量

（一）公司绩效的内涵

绩效也被称为业绩或者成效，是组织在一段时间内经营成果的总称，反映了个体或者组织在某时间段内从事生产经营所得到的业绩或者成果。具体到公司财务中，绩效的概念被称为公司绩效。在早期的研究中，学者们对公司绩效的概念做出如下界定：公司在一定经营期间的经营成绩和经营效益。起初，公司绩效的定义较为宽泛，但是，随着公司治理的内涵越来越丰富，公司需要在各方面履行自己的职责，一些新的绩效维度被学者们提出，例如财务绩效、环境绩效和创新绩效。根据《中央公司总会计师工作职责管理暂行办法》，财务绩效是指"公司在一定会计期间内营运能力、盈利能力、成长能力和偿债能力四方面的表现"。对于环境绩效的定义，有学者认为应该从公司的环境相关政策、公司环境计划与框架、发生的环境活动、涉及的财务事项和可持续经营方面的管理五个方面来考虑。创新绩效是指公司通过相关投入以及创新活动最终形成的创新产出，体现为产出效率、产出水平及对公司整体发展的影响效果。虽然在大多数研究中，学者们将财务绩效称为公司绩效，这是因为公司的创新活动、环保活动等最终都会体现为对公司财务绩效的影响，但即便如此，本研究认为对公司绩效的概念进行细化十分必要，因为公司绩效的提升依赖于各项绩效指标的综合结果。

关于公司绩效的维度，本研究首先选择了财务绩效，因为这一维度能代表公司在某一段时间内所取得的经营成果，且被学者们广泛研究。另外，目前创新行为在经济发展中占据着越来越重要的地位，创新能力已经成为影响公司绩效的最重要指标，因此，本研究关注的另一个公司绩效维度是创新绩效。创新绩效有狭义和广义之分，狭义的创新绩效指的是技术产生的结果，主要包括技术、产品、工艺的推出速度、水平及效果等；广义的创新绩效包括技术产出，同时也关注技术的产出过程。本研究对于创新绩效的概念界定主要采用创新绩效的广义维度。

（二）公司绩效的测度

在理论研究中，存在三种衡量组织绩效的方法。第一，目标法，此方法侧重于对组织目标实现程度的测量。第二，系统法，此方法将组织与环境看作一个整体，将绩效定义为组织从环境中获得资源的能力。第三，多元顾客法，即公司绩效通过衡量顾客满意度来衡量。这三种方法在公司实践中均得到了很好的运用。根据以上三种绩效衡量方法，学者们开发出了多个绩效评价指标。由于本研究着重关注公司财务绩效与创新绩效，接下来将介绍目前对公司财务绩效和创新绩效的测量方法。

对于财务绩效的衡量主要基于会计利润。在 20 世纪初，伴随着第二次工业革命的高潮，大量西方国家的经济从自由竞争进入垄断阶段，从事多元化经营的公司逐渐增多，因此，公司面临的主要问题是如何有效配置资源进而实现利润最大化。1903 年，杜邦公司开发出了以投资回报率为核心的财务指标评价体系，随着杜邦公司和通用公司对杜邦分析评价体系中财务指标的运用，以财务指标为核心的财务指标分析逐渐兴起。现在大量的实证研究，依然是基于杜邦分析评价体系中的财务指标来衡量财务绩效。例如，大量学者在其研究中采用了总资产收益率（ROA）、净资产收益率（ROE）和每股收益（EPS）。但是财务绩效指标容易受到操纵，不能客观评价公司财务绩效。随着资本市场全球化和"股东价值分析"深入人心，托宾 Q 认为更能反映公司业绩。托宾 Q 是以股票价格为基础计算的，因此在一定程度上代表了股东价值。在实证研究中有部分学者采用托宾 Q 来评价公司绩效。虽然托宾 Q 在评价公司绩效时更为客观且符合股东利益最大的财务目标，但是其运用的前提是资本市场发育良好。在我国股票市场的发展依然不够完善，股票价格与公司的实际价值相去甚远，因此，用托宾 Q 衡量中国公司的财务绩效值得商榷。后来有学者提出了新的业绩评价指标，即经济增加值（EVA）。EVA 的最大特点就是从股东角度重新定义利润，但是其更加适用于上市公司和大型的股份制公司。此外，在信息和增量信息含量方面，EVA 没有表现出优于传统收益指标的特性。因此，采用基于会计利润的评价方法衡量公司财务绩效最为普遍有效，且被实证研究者广泛采用。

对于创新绩效的衡量，一部分学者采用了狭义的创新绩效指标，主要采用新产品开发速度、新产品推向市场的数量，或者新产品的销售总额占整个销售总额的比重、新技术或新产品的水平等进行衡量。在实证研究中，谢子远和黄文军在衡量公司创新绩效时均采用新产品销售收入指标。另一部分学者则采用了广义的创新绩效指标，包括研发经费投入、专利数量等。例如，曾洪涛和肖涛在研究董事会非正式等级对公司创新绩效的影响时采用了研发强度和专利数量两个指标。陈文俊等在研究战略性新兴产业政策对生物医药上市公司创新绩效的影响时也采用了专利数量。除了以上衡量方法，还有部分学者采用了随机前沿分析技术和数据包络分析来测度公司的创新绩效。例如，李左峰和张铭慎在其研究中，利用 SFA 技术和扩展的知识生产函数模型测度了创新型公司的创新效率变化。刘和东采用数据包络分析测算了中国 29 个地区的技术效率。

（三）本研究中公司绩效的具体测量方式

对于财务绩效的衡量方式主要基于会计数据，在已有研究中学者们采用托宾 Q、总资产收益率（ROA）、净资产收益率（ROE）、每股收益（EPS）进行衡量。由于中国资本市场有效性不高，采用托宾 Q 会带来业绩衡量出现偏差的问题。因此，本研究在主体检验部分采用 ROA 来衡量公司财务绩效，在稳健性检验部分则采用 ROE 来衡量。

对于创新绩效的衡量，已有文献主要基于新产品销售收入、专利申请数量以及专利授权数量来衡量。由于新产品销售收入的测量存在一定的不确定性，数据包络分析对于投入指标和产出指标的选取提出了一定要求，若不能挑选最全面的投入指标和产出指标，创新绩效的衡量就会出现偏差。因此，本研究主要采用基于专利数量的指标来衡量创新绩效，并采用专利申请数来衡量。具体衡量方法为专利申请数加 1 取自然对数。之所以选择专利申请数而不是专利授权数，是因为：一项专利从申请到授权往往需要 1 至 2 年的时间，因此专利申请数更有利于体现公司近期的创新能力；专利申请数受到专利机构工作效率、偏好等外部因素的影响也较小。

二、解释变量

（一）董事会非正式等级的测度

已有文献研究了非正式等级的概念和产生机理，但基本是通过问卷和案例研究方法进行的，未给予董事会非正式等级清晰的量化指标。由于非正式等级制度是在董事相互尊重的基础上形成的，因此，量化非正式等级最理想的方法便是调查董事之间的互相尊敬程度，让董事会成员的每一个人对其他成员进行匿名打分，根据打分的多少来判别董事之间地位的高低。但是这种方法对大样本研究并不适用，此方法依赖于大量董事会成员的回复，要想在调查中获得可靠的反馈与回应十分困难。另一种方法便是选择合适的代理变量，虽然其可能会影响董事会非正式等级精度的测量，但适用于大样本研究。在梅斯的著作中揭露了内部人士所描述的董事会任职内涵，"如果我能在七个董事会任职，我就有七枚奖牌和奖状，我比拥有四个董事会的人强"。戴维斯认为董事会选择董事的原因多种多样，但他们通常更喜欢经验丰富、技术娴熟的董事。自《萨班斯－奥克斯利法案》通过以来，那些经验丰富的称职董事备受追捧，基于智力和社会影响力，其更可能被邀请到多个董事会任职。因此，在 He · J. 和 Huang · Z. 的研究中，他们建议用董事会成员受到其他成员的尊敬程度来衡量董事会非正式等级，因此，他们选择某公司董事在其他公司担任董事职位数量的差异来衡量非正式等级。他们首次提出了适合大样本研究的量化董事会非正式等级的方法，后续研究多借鉴其研究成果，一些学者在他们的基础上进一步丰富了董事影响力和能力的内涵，使得董事会非正式等级的衡量方法更加完善。

许多学者在其研究中均借鉴了 He · J. 和 Huang · Z. 的研究，将董事在其他公司兼职董事的数量作为声誉资本的代理变量，并用基尼系数作为因董事差异而形成的非正式结构的测度指标。而部分学者则考虑中国的基本国情，在已有的指标基础上，加入了新的衡量董事能力的变量。有学者以董事会成员名单中董事的排名顺序为依据来衡量董事会成员间的非正式权力关系。杜兴强等基于儒家文化传统中的礼序等级，考察了董事会的论资排辈现象，并以董事的"政治关联""年龄"和"任期"为衡量董事会成员等级差异的重要指标。

（二）本研究中董事会非正式等级的具体测量方式

由于非正式等级是董事会成员之间的个人能力差异，以及随之表现出来的声望和权威等方面的差异造成的。因此，对董事会非正式等级的衡量主要考虑董事会成员的个人权威和个人声望。He·J.和 Huang·Z.用董事在其他公司兼任董事的数量来衡量他们的受尊敬程度,以基尼系数来衡量董事间权威的不平等性。在中国文化传统情境下,声望和权威高的董事除了在其他公司担任董事之外,还广泛参与社会事务。例如,大量的民营企业家成为人大代表或政协委员,以便为公司赢得政策先机和政府补助。为缓解民营公司面临的融资约束,公司高管层中也出现了大量金融家,包括商业银行行长、副行长等金融人才,这为公司融通资金提供了便利条件。因此,能够成为金融机构的重要成员以及各级人大代表和政协委员更加反映了董事的个人声望和受认可程度。因此,董事拥有的社会资本情况反映了其胜任能力和权威,可以作为衡量董事个人权威的依据。

　　基于此,本研究从以下三个方面对董事个人权威进行测度:一是董事兼任其他公司董事的数量;二是董事担任各级人大代表、政协委员的政治关联情况;三是董事在银行金融机构担任行长、副行长的银行关联情况。在人大代表,政协委员以及银行行长、副行长的统计中,按照级别高低(全国性和省级、地方和市级以下)赋予不同的值,其中,全国性和省级赋值为2,地方和市级以下赋值为1。董事会非正式等级的计算方法如表4-2-1所示。将每个董事在各个维度的分值进行加总,即可获得该董事的社会资本总水平,将此作为董事会非正式等级度量的基础指标。

表4-2-1　董事会非正式等级测量维度

类别	取值
兼任其他公司董事数量	董事兼任其他公司董事总数合计
现任或者曾任人大代表或政协委员	全国性人大代表和政协委员赋值为2,地方性人大代表和政协委员赋值为1
现任或者曾任银行行长、副行长	省级银行行长、副行长赋值为2,市级以下银行行长、副行长赋值为1

　　获得董事资源的各维度数值后,采用基尼系数的计算方法来度量董事会非正式等级。基尼系数衡量的是社会财富分配的不均等程度,基尼系数越大就代表社会财富分配越不均等;当基尼系数为1时,说明社会上大量的财富均集中于一人手中,财富分配极不平等;当基尼系数为0时,表明社会财富均等分配于每一个人手中,财富分配达到了绝对公平。将这一衡量方式与董事会非正式等级结合起来,即董事所拥有的资源便是其财富,对其财富进行量化后便可求得一个董事会团体的基尼系数。董事会非正式等级的基尼系数越大,表明资源在董事会内部

的分布越不均衡；基尼系数越小，表明董事会资源分布越均衡。与之前的研究不同的是，本研究除了考虑董事兼任其他公司董事的数量，还结合中国的研究情景，增加各级人大代表、政协委员，银行行长、副行长等重要社会职位进行非正式等级的刻画，从而使本研究更加准确和贴近现实。基尼系数的计算方法如下：

$$InformalHC = \frac{2\operatorname{cov}(y, r_y)}{N\,\bar{y}}$$

其中，$InformalHC$ 为本研究修正后的基尼系数，y 表示的是一个公司每个董事的外部兼任公司董事的总数量加上政治关联和银行关联的测量分值，r_y 为每个董事根据自身的董事兼职数量以及政治关联和金融关联情况所确定的董事等级，$\operatorname{cov}(y, r_y)$ 为 y 与 r_y 的协方差，N 为董事会成员的总数，$\bar{y}$ 为 y 的平均数。

三、中介变量

（一）组织双元的测度

对于组织双元的测度，现有研究采用的衡量方式大都为问卷调查。He·J. 和 Huang·Z. 基于 206 家制造公司的产品差异研究了组织双元的交互和失衡与公司销售收入增长率之间的关系，在其研究中设计了关于产品差异的八项条目，采用问卷调查的方式得出了探索式学习和开发式学习的得分，并以两者的绝对值之差和乘积来刻画组织双元的平衡和交互，后续学者在研究中大都采用了问卷调查的方法。卢巴特金在研究组织双元与中小公司绩效时，将 He·J. 和 Huang·Z. 的八项题项扩展到了十二项题项，将公司的如下行为描述为探索：通过"开箱即用"的思维寻找新的技术理念、寻找具有创造性的方法来满足客户需求、积极地进入新的细分市场和积极获得新的客户群。类似地，将如下行为描述为开发：致力于提高质量和降低成本，持续改进其产品和服务的可靠性，增加其操作中的自动化水平，不断地调查现有客户的满意度，精细地提供其当前客户满意的内容，以及更深入地渗透到现有客户群中。

国内学者对组织双元的测量多借鉴国外学者的问卷调查法。李桦对于探索性创新和开发性创新的衡量借鉴 He·J. 和 Huang·Z. 的问卷调查研究，采用七点量表，要求高管对每一个题项进行评分。刘新梅等在探索性学习和应用性学习的基础上完成了组织双元的测量，采用四个题项对其测量。对于双元创新的平衡维度，采用探索性创新和开发性创新绝对值差来表示。对于组织双元的联合维度，则是对探索式创新和开发式创新进行均值中心化之后再相乘来表示。肖丁丁和朱桂龙认为，用问卷调查来衡量组织双元不能体现其动态变化，因此他们采用发明专利来表示公司的探索和开发能力。还有学者采用案例研究方法来研究公司的组织双元，在案例研究中主要采用定性研究，通过观察公司的行为进而确定公司的探索行为和利用行为。邓少军和芮明杰采用案例研究的方法，分析了公司在战略转型阶段所面临的结构双元、情景双元和领导双元，他们对组织双元的衡量主要采用定性研究，即根据公司在不同战略阶段所采取的具体措施所具有的性质来判断公司是否实行组织双元。彭新敏等采用案例研究的方式分析了组织双元如何使后发公司实现前沿追赶，对组织双元的测度如下：判断案例公司有没有进行双元性学习。如果案例公司没有在既有技术范式内开发新产品或者对已有产品升级，则为开发性学习；如果案例公司在新技术范式内研发新产品，则为探索性学习；如果在同一阶段，公司同时开展了两种学习，则判定公司进行了双元性学习。

随着研究方法的多样化，学者们也开始尝试从文本分析的角度来测度公司的组织双元。

（二）本研究中组织双元的具体测量方式

探索和开发是组织双元的一组核心概念，根据组织对现有知识的依赖程度，可以区分出探索和开发两种不同的组织行为。其中，探索是以"搜索、变异、柔性、试验、冒险创造新产品、团队"为特征的学习行为，而开发则是以"精炼、选择、生产、效率、实施和执行"为特征的学习行为。本研究以此为依据定义组织双元的核心维度，借鉴王益民和梁萌的研究，使用 Python3.8 分词工具 JIEBA 对公司财务报表进行分词切分，然后对包含"探索"和"开发"的关键词进行词频统计。组织双元的强弱体现为公司对两类创新活动的重视程度，因此，在计算组织双元时，以两个指标的乘积来度量，但是组织双元的数据分布并不符合标准正态分布，因此本研究对乘积取自然对数，使其符合正态分布，且能够在一定程度上减轻离群值对本研究实证结果的干扰。

四、调节变量

（一）CEO 权力（Power）

对于 CEO 权力的衡量，本研究借鉴张维今等对 CEO 权力的衡量方法，基于数据易获得性原则，从以下三个维度衡量 CEO 结构和所有权：CEO 二元性（即公司 CEO 是否同时担任董事长）、CEO 持有股份与董事持有股份的比率、非独立董事占董事会成员总数的比例。本研究对这三个变量进行标准化求和并创造出一个 CEO 权力指数。

（二）资源约束（SA）

对于中小民营公司而言，其面临的最大资源约束来自融资约束，融资难、融资贵是制约中小民营公司发展的重要瓶颈。因此，本研究拟通过衡量公司面临的融资约束来表示其受到的资源约束程度。

目前，对于融资约束的衡量方法主要包括投资—现金流敏感性模型、现金—现金流敏感性模型、Vogt 模型、KZ 指数、WW 指数、SA 指数、多元判别分析（MDA）、Logistic 回归模型、问卷调查数据。在所有的测量方法中，SA 指数被应用得最广泛。采用 SA 指数有以下优点：该指标测算只需要考虑公司年龄和公司规模两个指标，并不包括任何的内生变量，而采用现金流敏感系数、KZ 指数和 WW 指数来测算融资约束都避免不了衡量偏误、内生性严重的问题。SA 指数由哈洛克构建，在中国情景的研究中得到了较为广泛的应用。SA 指数的计算方法如下：

$$SA = -0.737 \times Size + 0.043 \times Size^2 - 0.04 \times Age$$

其中，Size 为公司规模的自然对数，Age 为公司成立时间的长短，以上方法计算出来的 SA 指数为负。在这里对 SA 指数取绝对值，SA 指数的绝对值越大，表示融资约束程度越小。

（三）环境不确定性（EU）

环境不确定性主要存在于外部环境之中，而外部环境的剧烈波动将会导致公司主要业务活动受到较大影响，这种影响最终表现为销售收入的波动，所以学者们另辟蹊径，采用公司业绩波动程度来衡量环境不确定性。本研究借鉴高希和奥尔森以及申慧慧等对环境不确定性的衡量方法，用经行业中位数调整后的公司前 5 年销售收入变异系数来衡量环境不确定性。具体做法如下：构建模型①，以公司销售收入为被解释变量，以年份为解释变量，用销售收入对时间虚拟变量进行回归，得到的残差即公司的非正常收入，统计公司每年的非正常收入，并求其标准差，然后再除以公司过去 5 年销售收入的平均值，便可得到未经行业调整的环境不确定性。由于同样的环境对不同的行业而言可能意味着机会与威胁，因此环境不确定性变量的构建应当考虑行业的差异。因此，本研究将同一年度同一行业内所有公司未经行业调整的环境不确定性中位数定义为行业的环境不确定性，采用高希和奥尔森的方法，用各个公司未经行业调整的环境不确定性除以行业不确定性便得到公司经行业调整后的环境不确定性。

$$Sale = \phi_0 + \phi_1 Year + \varepsilon_1 \qquad ①$$

五、控制变量

借鉴已有的实证研究结果，选择以下变量作为本研究的控制变量。

（一）经营活动产生的现金净流量（CF）

主要采用经营活动的净现金流量除以总资产来衡量。一般而言，经营活动的现金流量越大，公司"资金链"断裂的风险也就越低。公司便有充足的资金投入生产活动，从而产生更高的公司绩效和创新绩效。

（二）成长能力（Growth）

本研究用主营业务收入增长率来衡量公司的成长能力，托宾Q也被认为是衡量公司发展能力的重要指标，然而在中国，由于资本市场发展不完善，难以取得有效的股票市价，因此相对于托宾Q而言，采用主营业务收入增长率更符合中国国情。

（三）无形资产占比（Intangible）

无形资产占比较高的公司往往具有较强的创新能力，本研究用无形资产占总资产的比例来衡量无形资产占比。

（四）第一大股东持股比例（First）

第一大股东持股比例是衡量公司股权集中度的重要指标，大股东持股比例对公司绩效具有双重影响，一方面增加了大股东掏空上市公司的风险，另一方面降低了委托代理成本，激励大股东对公司的管理进行有效参与和监督。因此，第一大股东持股比例对公司绩效的影响有待实证检验。

（五）两职合一（Duality）

两职合一是衡量CEO权力的重要指标，一般而言，公司的CEO同时担任董事长时，往往掌握较大的决策话语权，对公司绩效也会产生双重影响。对两职合一的度量采用虚拟变量法，若公司CEO和董事长存在兼任的情况则取值为1，否则为0。

（六）董事会平均年龄

董事会平均年龄衡量了一个公司的活跃程度，一般而言，年轻化的董事会具有更加灵活的决策方式，而年长型的董事会则常会面临思想僵化的问题。本研究采用董事会所有成员的年龄平均值来衡量董事会平均年龄。

（七）董事会任期相对差异

那些董事会任期差异较大的公司有可能存在交错董事，这在一定程度上产生了良好的公司治理效果，进而作用于公司绩效。本研究采用董事会所有成员任期的标准差来衡量董事会任期相对差异。

（八）公司规模

公司规模与绩效的关系至今尚未达成共识，大型公司和小型公司均可能表现出绩效良好的情况，因此，公司规模与绩效之间的关系有待实证检验。

（九）长期债务比率

长期债务比率衡量了一个公司的长期债务结构。之所以采用这一指标来衡量公司的资本结构，主要是因为公司创新绩效更依赖于长期资本。本研究用长期债务除以负债总额来衡量公司的债务结构。此外，本研究还控制了年度效应和行业效应，具体变量定义如表4-2-2所示。

表4-2-2　主要变量定义

变量类型	变量名称	变量定义
被解释变量	财务绩效（ROA）	净利润/平均总资产
	创新绩效（Innovation）	Ln（专利申请数+1）
解释变量	董事会非正式等级（InformalHC）	董事在其他上市公司担任董事以及担任社会职位的差异程度
中介变量	组织双元（Ambidexterity）	经文本分析得到的公司年报中"探索"词频数量与"开发"词频数量的乘积取自然对数
调节变量	CEO权力（Power）	标准化的CEO二元性、CEO持有股份与董事持有股份的比率、非独立董事占董事会成员总数的比例
	资源约束（SA）	用SA指数衡量
	环境不确定性（EU）	公司前5年销售收入的变异系数

变量类型	变量名称	变量定义
控制变量	经营活动产生的净现金流量（CF）	经营活动产生的现金净流量 / 总资产
	成长能力（Growth）	（本期主营业务收入－上期主营业务收入）/ 上期主营业务收入
	无形资产占比（Intangible）	无形资产 / 总资产
	第一大股东持股比例（First）	第一大股东持股数量 / 总股数
	两职合一（Duality）	虚拟变量，若公司 CEO 同时担任董事长则取值为 1，否则为 0
	董事会平均年龄（Age）	董事会所有成员的年龄平均值
	董事会任期相对差异（Tenure）	对董事会所有成员任期月数求标准差
	公司规模（Size）	公司员工总数的自然对数
	长期债务比率（Ldebt）	长期负债总额
	年度（Year）	年度虚拟变量
	行业（Industry）	行业虚拟变量

第三节　模型设定

为验证本研究所提出的假设 1 至 8，借鉴已有研究成果，构建模型②至⑧进行实证检验，考虑到董事会非正式等级对公司财务绩效和创新绩效的影响往往无法立竿见影，即公司财务绩效与创新绩效存在一定的滞后性，因此，本研究将解释变量、中介变量、调节变量和控制变量均设置为 t 期，被解释变量设置为 $t+1$ 期。

$$Ambidexterity = \alpha_0 + \alpha_1 InformalHC + \sum Control + \varepsilon_2 \qquad ②$$

$$ROA / Innovation = \beta_0 + \beta_1 Ambidexterity + \sum Control + \varepsilon_3 \qquad ③$$

$$ROA / Innovation = \gamma_0 + \gamma_1 InformalHC + \sum Control + \varepsilon_4 \qquad ④$$

$$ROA / Innovation = \lambda_0 + \lambda_1 InformalHC + \lambda_2 Ambidexterity + \sum Control + \varepsilon_5 ⑤$$

$$Ambidexterity = \eta_0 + \eta_1 InformalHC + \eta_2 InformalHC*Power/SA/EU +$$
$$\eta_3 Power/SA/EU + \sum Control + \varepsilon_6 \qquad ⑥$$

$$ROA/Innovation = \mu_0 + \mu_1 Ambidexterity + \mu_2 Ambidexterity*SA/EU +$$
$$\mu_3 SA/EU + \sum Control + \varepsilon_7 \qquad ⑦$$

$$ROA/Innovation = \pi_0 + \pi_1 Ambidexterity + \pi_2 Ambidexterity*SA/EU +$$
$$\pi_3 SA/EU + \pi_4 InformalHC + \sum Control + \varepsilon_8 \qquad ⑧$$

为验证本研究的假设 1，构建模型②，若 α_1 的系数显著为正，则表明董事会非正式等级能够促进公司组织双元的构建，即验证假设 1 成立。为检验假设 2a 和 2b，构建模型③进行检验，若 β_1 的系数显著为正，则表明组织双元对公司绩效和创新绩效均产生正向影响，即假设 2a 和 2b 成立。为检验假设 3a 和 3b 中组织双元中介效应的成立，本研究在模型②的基础上，构建了模型④和模型⑤进行中介效应检验。具体检验流程如下，借鉴温忠麟和叶宝娟的研究，组织双元中介效应的成立需要满足以下几个条件：公司财务绩效和创新绩效对董事会非正式等级进行回归，其回归系数达到显著水平；组织双元对董事会非正式等级进行回归，其回归系数达到显著水平；公司财务绩效与创新绩效对董事会非正式等级与组织双元同时回归，组织双元的系数显著，董事会非正式等级的系数变小。当董事会非正式等级的系数不显著时，组织双元起到完全中介作用；当董事会非正式等级的系数仍然显著时，组织双元起到部分中介作用。

为检验假设 4 至假设 8，构建模型⑥和⑦进行检验，模型⑥中包含的调节变量包括 CEO 权力（Power）、资源约束（SA）和环境不确定性（EU），模型⑦中的调节变量为环境不确定性（EU）和资源约束（SA），在模型⑥和⑦中，需要观察交乘项系数 η_3 和 μ_3 的显著性进行判断，模型⑧为全要素模型，出于稳健性考虑本研究设置了模型⑧。

第四节　本章小结

本章选择 2012—2019 年深市中小板民营上市公司作为研究对象，解释了公司绩效、董事会非正式等级、组织双元等变量的测量方式，并对相关调节变量和控制变量进行了介绍，并在此基础上设定相应模型，验证了 1 至 8 的假设。

第五章 实证结果与分析

本章为实证结果与分析。本章主要通过描述性统计分析、均值中位数差异性检验、相关性分析、回归分析、稳健性检验、内生性处理等方法对本研究的研究假设进行检验。

第一节 描述性统计分析

表 5-1-1 所示为主要变量的描述性统计结果。可以看出，公司财务绩效的均值为 4.56%，最大值为 14.87%，最小值为 -4.51%，表明不同公司的财务绩效存在差异，公司财务绩效中位数为 4.12%，说明一半以上的公司均处于正常盈利水平。公司创新绩效的均值为 2.6689，标准差为 1.2267，表明不同公司的专利申请数量存在较大波动。为了量化董事会成员之间的地位差异所导致的董事会非正式等级强度的大小，本研究引进了基尼系数，当其为 0 时意味着董事因任职其他公司董事及其政治背景和金融背景所得到的权威值是相等的，董事会成员之间完全平等，没有层级存在。当其为 1 时则意味着董事因任职其他公司董事及其政治背景和金融背景所得到的权威值除了一个人为正之外，其余人均为零。

如表 5-1-1 所示，董事会组织中成员之间的地位差异导致的非正式等级强度最小值为 0.0075，最大值为 0.5412，均值 0.2863。按照国际标准的惯例可以认为我国中小民营公司董事会组织中成员之间的地位差异导致的非正式等级是存在的，但是差别不是很大。组织双元的最大值为 8.4707，最小值为 0，标准差为 1.1245，表明不同公司组织双元构建的侧重点不同，一些公司偏向于追逐"探索"或"开发"，而另一些公司更注重两者的平衡发展。资源约束指数平均值、最大

---

① 由于部分公司未披露专利信息，通过国家知识产权局官网也无法获得，因此专利数据存在缺失。

② 由于部分公司上市时间较晚，而环境不确定性的测量基于公司前 5 年的销售收入，导致其上市后的环境不确定性数值存在部分缺失。

值、最小值以及中位数均保持在 3 以上，且相差不大，说明中小板民营公司大都处于资源约束较为严重的状态，这符合我国的现实情况。在我国，由于小公司普遍规模较小，财务信息披露不完备，且"软信息"大都被大型公司所利用，因此其极易面临融资约束。CEO 权力的最大值和最小值之间差异很大，且标准差为 0.9795，说明我国中小民营公司 CEO 权力分布差距较大，同时，CEO 权力的均值为 −0.8172，说明在中小民营公司里，CEO 普遍掌握着较大的权力。环境不确定性最小值和最大值之间差异较大，表明不同中小民营公司对外部环境变化的感知有所不同。从控制变量的基本情况来看，第一大股东持股比例的标准差较大，为 13.7317，且第一大股东持股比例的最大值为 70.4236%，均值为 32.786%，说明一股独大现象在中小民营公司较为普遍。董事会平均年龄和董事会任期相对差异的标准差分别为 3.2862、13.2115，表明董事会成员年龄以及任期在不同的公司表现出较大的差异，尤其是董事会任期存在更大的波动，这可能是因为中小民营公司存在交错董事会，也可能是因为团队成员极不稳定、人才流动频繁。此外，公司长期债务比率中位数为 0，最大值为 0.1884，平均值为 0.0242，表明我国中小民营公司融资渠道并不依赖长期债务，这也符合我国公司"短贷长投"的现象。

表 5-1-1　描述性统计结果

变量	观测值	平均值	最小值	最大值	中位数	标准差
ROA	2776	0.0456	−0.0451	0.1487	0.0412	0.0449
Innovation	1748[1]	2.6689	0.0000	7.2903	2.5650	1.2267
InformalHC	2776	0.2863	0.0075	0.5412	0.2786	0.1044
Ambidexterity	2776	4.5341	0.0000	8.4707	4.5951	1.1245
Power	2732	−0.8172	−5.0159	2.0372	−0.9210	0.9795
SA	2776	3.3322	3.0228	3.7168	3.3347	0.1335
EU	2490[2]	0.0501	−4.9144	5.6227	0.0000	0.9411
CF	2776	0.0472	−0.2314	0.2922	0.0449	0.0633
Growth	2776	0.1945	−4.2244	2.2755	0.1241	0.3761
Intangible	2776	0.0446	0.0000	0.5794	0.0387	0.0320
First	2776	32.7860	4.3076	70.4236	30.9264	13.7317
Duality	2776	0.3854	0.0000	1.0000	0.0000	0.4868
Age	2776	50.5578	40.7500	63.6000	50.4286	3.2862
Tenure	2776	29.5919	0.0000	77.4648	31.0658	13.2115
Size	2776	7.6206	4.4308	12.3021	7.5858	0.9284
Ldebt	2776	0.0242	0.0000	0.1884	0.0000	0.0436

第二节 均值中位数差异性检验

本研究将董事会非正式等级从低到高排列，分成四组，将前四分之一和后四分之一样本分别定义为低清晰度的董事会非正式等级组与高清晰度的董事会非正式等级组，并比较两组样本公司财务绩效、创新绩效、组织双元以及控制变量的差异。表 5-2-1 所示为两组样本的均值中位数差异性检验。可以看出，相对于低清晰度的董事会非正式等级组，高清晰度的董事会非正式等级组有较好的财务绩效表现，且这一差异在 1% 或者 5% 水平上显著，同时，高清晰度的董事会非正式等级组的创新绩效也远大于低清晰度的董事会非正式等级组，且差异在 1% 水平上显著，这初步说明本研究的假设 2a 和 2b 可能成立。此外，在组织双元方面，高清晰度的董事会非正式等级组也优于低清晰度的董事会非正式等级组，并且这一差异在 1% 水平上显著。这基本符合前文假设的逻辑，即清晰度较高的董事会非正式等级有利于在董事会内部形成自发的协调机制和隐性规则，从而有效促进董事会的决策进程，且处于等级低位的董事会成员易于尊重和服从等级高位董事所做出的决策，进而化解董事会内部的决策冲突，提高了决策效率。在这样高度有效的决策机制中，处于非正式等级高位的董事往往在声誉和自我实现需要的激励下，做出对公司发展有利的全局规划，使公司的战略决策既能够满足稳住短期绩效的需要，又可以保证公司的长期发展，这便有效提升了公司的组织双元，使公司在执行探索和开发战略时的资源配置更加合理，公司财务绩效水平也会得到相应的提升。从控制变量的结果来看，在高清晰度的董事会非正式等级中，公司的现金流更多、无形资产占比更低、两职兼任的现象更为普遍，公司规模也往往更大，这种差异无论是基于样本均值还是中位数均成立。

表 5-2-1 均值中位数差异性检验

变量	平均值			中位数		
	低	高	差异	低	高	差异
ROA	0.0410	0.0480	−0.007***	0.0392	0.0419	−0.0027**
Innovation	2.5230	2.8280	−0.305***	2.4414	2.7081	−0.2667***
Ambidexterity	4.4450	4.6530	−0.208***	4.5379	4.7748	−0.2369***
CF	0.0430	0.0500	−0.008**	0.0400	0.0466	−0.0066**
Growth	0.1850	0.2150	−0.0300	0.1165	0.1266	−0.0101**
Intangible	0.0450	0.0420	0.003*	0.0383	0.0358	0.0025*
First	32.4900	33.1700	−0.6760	30.9872	31.4003	−0.4131

变量	平均值			中位数		
	低	高	差异	低	高	差异
Duality	0.3460	0.4510	−0.105***	0.0000	0.0000	0***
Age	50.7300	50.4200	0.309*	50.4365	50.2857	0.1508
Tenure	29.2600	29.8900	−0.6290	30.2313	31.7785	−1.5472
Size	7.5230	7.6890	−0.166***	7.4699	7.6537	−0.1838***
Ldebt	0.0250	0.0270	−0.00200	0.0000	0.0002	−0.0002

注：* 表示在10%水平上显著，** 表示在5%水平上显著，*** 表示在1%水平上显著，下同。

第三节　相关性分析

为初步探讨公司董事会非正式等级与组织双元之间的关系，以及组织双元与公司财务绩效和创新绩效之间的关系，本研究首先对所有变量进行相关性分析，初步确定变量之间的影响程度和影响方向。如表5-3-1所示，公司财务绩效与创新绩效正相关，表明创新水平较高的公司往往伴随着较高的财务绩效，这是因为，当公司关注自身的创新能力时，自然会将创新成果转化为产品销售，从而带来公司财务绩效的提升。董事会非正式等级与公司财务绩效和创新绩效均正相关，相关系数分别为0.074和0.113，初步说明，公司内部形成高效的非正式机制能够有效提升公司财务绩效和创新绩效。组织双元与公司财务绩效之间正相关，相关系数为0.050，且在1%水平上显著，即组织双元能够促进公司财务绩效的提升。同时，组织双元与创新绩效之间的相关系数为正，且在1%水平上显著，说明"探索"与"开发"并重对组织双元进行培养，可促使公司更好地开展创新活动。从调节变量的相关系数来看，CEO权力与组织双元正相关、环境不确定性与公司创新绩效正相关、资源约束与公司创新绩效以及组织双元的关系均显著为正，初步支持了本研究的部分假设，但是调节效应的检验还依赖于其他因素的作用，本研究的实证分析将进一步检验所提出的调节效应假设。从整体相关系数水平来看，变量的相关性系数大小均低于0.5，表明本研究不存在严重的多重共线性问题。为了更好地确定变量之间的多重共线性对本研究的结论造成的干扰，本研究也进行了方差膨胀因子（VIF）检验，检验结果表明，VIF的最大值为1.10，均值为1.05，说明变量之间存在多重共线性的可能性极低。

表 5-3-1　相关性分析

变量	ROA	Innovation	InformalHC	Ambidexterity	Power	EU	SA	CF	Growth	Intangible	First	Duality	Age	Tenure	Size	Ldebt
ROA	1															
Innovation	0.078***	1														
InformalHC	0.074***	0.113***	1													
Ambidexterity	0.050***	0.153***	0.098***	1												
Power	0.007	0.035	0.040**	0.037*	1											
EU	0.008	0.046*	-0.018	-0.031	-0.002	1										
SA	-0.024	0.091***	0.065***	0.090***	0.002	0.004	1									
CF	0.432***	0.057**	0.046**	-0.024	-0.012	-0.003	0.022	1								

续　表

变量	ROA	Innovation	InformalHC	Ambidexterity	Power	EU	SA	CF	Growth	Intangible	First	Duality	Age	Tenure	Size	Ldebt
Growth	0.131 ***	0.074 ***	0.033 *	0.027	-0.003	-0.057 ***	0.103 ***	-0.066 ***	1							
Intangible	0.011	0.017	-0.037 *	-0.002	0.021	0.014	-0.043 **	0.129 ***	-0.070 ***	1						
First	0.163 ***	0.027	0.036 *	-0.049 **	0.109 ***	0.008	-0.208 ***	0.110 ***	-0.009	0.024	1					
Duality	0.018	0.054 **	0.066 ***	0.021	0.744 ***	-0.014	-0.032 *	-0.021	0.029	-0.035 *	0.067 ***	1				
Age	0.044 **	-0.024	-0.034 *	0.058 ***	-0.032 *	0.011	0.119 ***	0.057 ***	-0.066 ***	0.048 **	-0.061 ***	-0.113 ***	1			
Tenure	-0.034 *	0.070 ***	0.01	0.059 ***	-0.052 ***	-0.007	0.573 ***	0.026	0.026	-0.002	-0.170 ***	-0.047 **	0.165 ***	1		
Size	0.097 ***	0.317 ***	0.085 ***	0.068 ***	-0.006	-0.026	0.307 ***	0.121 ***	0.125 ***	0.028	0.099 ***	-0.011	0.009	0.181 ***	1	
Ldebt	-0.128 ***	0.028	0.02	0.034 *	0.024	0.008	0.137 ***	-0.089 ***	0.124 ***	0.079 ***	-0.014	-0.025	-0.027	0.017	0.081 ***	1

第四节 回归分析

一、基准回归结果

表 5-4-1 和表 5-4-2 所示为本研究的基准回归结果。表 5-4-1 的列（1）为董事会非正式等级对组织双元影响的回归结果，列（3）为组织双元对公司财务绩效影响的回归结果，列（2）、列（4）与列（1）共同检验组织双元是否在董事会非正式等级影响公司财务绩效的路径中发挥中介效应。列（1）的回归结果表明，董事会非正式等级能够正向影响公司组织双元，系数大小为 1.1180，验证了本研究假设 H1 的成立。这是因为，一方面，处于高地位等级的董事通过利用其广泛的社会资源、政治联系与金融背景，帮助公司获得具有价值的资金、资源、信息和政策优势等，使公司能够在市场竞争中谋得先机，从而通过探索式活动提升公司财务绩效。另一方面，拥有广泛的社会联系可以帮助董事会成员获得同行业对手的信息，了解目前行业中正在畅销的产品以及适用性技术，通过向其他组织学习迅速提升自身的利用能力。

表 5-4-1 董事会非正式等级、组织双元与财务绩效

变量	Ambidexterity	ROA	ROA	ROA
	(1)	(2)	(3)	(4)
Ambidexterity			0.0028*** (4.21)	0.0026*** (3.84)
Informal HC	1.1180*** (5.18)	0.0275*** (3.60)		0.0246*** (3.22)
CF	−0.2156 (−0.63)	0.2809*** (20.38)	0.2828*** (20.50)	0.2814*** (20.46)
Growth	0.0182 (0.29)	0.0204*** (8.19)	0.0203*** (8.21)	0.0203*** (8.28)
Intangible	−1.2094 (−1.58)	−0.0349 (−1.35)	−0.0339 (−1.31)	−0.0319 (−1.24)
First	−0.0012 (−0.75)	0.0003*** (5.30)	0.0003*** (5.40)	0.0003*** (5.35)
Duality	0.0083 (0.19)	0.0023 (1.46)	0.0026* (1.67)	0.0023 (1.45)
Age	0.0163** (2.40)	0.0005** (2.34)	0.0005** (2.06)	0.0005** (2.16)

变量	Ambidexterity	ROA	ROA	ROA
	(1)	(2)	(3)	(4)
Tenure	0.0003	−0.0001	−0.0001	−0.0001
	(0.13)	(−1.36)	(−1.41)	(−1.37)
Size	0.0525**	0.0027***	0.0028***	0.0026***
	(2.04)	(2.97)	(3.05)	(2.83)
Ldebt	0.5609	−0.1375***	−0.1364***	−0.1390***
	(0.98)	(−7.22)	(−7.18)	(−7.36)
Year	Yes	Yes	Yes	Yes
Industry	Yes	Yes	Yes	Yes
_Cons	3.2443***	−0.0302*	−0.0336*	−0.0385**
	(7.55)	(−1.75)	(−1.93)	(−2.21)
N	2776	2776	2776	2776
F value	4.14***	21.03***	41.28***	62.94***
Adj-R^2	0.0566	0.2777	0.2785	0.2813

注：括号内为 t 值，由经过 white 异方差调整后的稳健性标准误计算得到，下同。

本研究的这一研究结论与张玉明等的研究结论一致，张玉明等发现线上社会网络极大促进了知识共享，组织之间的有效交流能够促进探索能力和开发能力的构建。另外，在非正式等级中，处于金字塔顶端的董事凭借其专业能力和社会资源备受其余董事的尊重，由此获得的影响力使得低地位等级的董事会成员更容易接受其所提出的建议。这种非正式等级结构可以帮助董事们明确自身的位置，有助于构建组织内的社交秩序和社会协调秩序。在这种决策机制下，高地位等级的董事能够综合考虑公司现有资源并做出更有利于公司长远发展的战略决策，而组织双元是公司实现长远发展的重要条件。因此，明智的董事会必然会构建有利于公司长期发展和短期成长的组织双元战略。总之，这种由非正式等级带给组织的互补信息和资源优势以及有效性决策往往有利于组织形成双元战略。

列（3）的回归结果表明，组织双元能够显著促进公司财务绩效的提高，验证了假设 H2a 的成立，即同时开展探索和利用活动才能够帮助组织获得较高的财务绩效。这是因为在外部环境复杂性和动态性加大的情况下，组织双元能够使公司在面临动态环境时及时采取应对措施，管理层可以根据动态环境做出战略调整，从而提高组织财务绩效。接着考察组织双元在董事会非正式等级影响公司财务绩效的路径中所发挥的中介效应。实证结果显示，董事会非正式等级对财务绩效影响的回归系数为 0.0275，且在 1% 水平上显著，即中介效应的第一步成立。中介效应的第二步是检验董事会非正式等级对公司组织双元的影响，前述回归结果显示，第二步检验也成立。中介效应第三步的检验见列（4），结果表明，在列（2）的回归基础上加入组织双元这一变量之后，董事会非正式等级的系数从 0.0275 降低为 0.0246，但依然在 1% 水平上显著。同时组织双元影响公司财务绩效的回归系数为 0.0026，且在 1% 水平上显著，即组织双元在董事会非正式等级影响公司财务绩效的路径中发挥部分中介效应，验证了假设 H3a 的成立。

从控制变量的回归结果来看，经营活动产生的净现金流量（CF）对公司财务绩效具有正向影响。这是因为足够的现金流能够保证公司经营活动的资金运转，从而促进公司财务绩效的提升。公司成长机会与财务绩效之间的关系显著为正相关，表明具有较强成长性的公司会致力于提高财务绩效。无形资产占比无法影响组织双元，也不会影响财务绩效，这可能是因为无形资产占比较高的公司资产专用程度高，无法灵活地在不同组织结构中进行转换，因此无法影响公司的组织双元，更不会影响公司财务绩效。第一大股东持股比例正向影响公司财务绩效，这表明大股东会对公司的管理进行有效参与和监督，进而提升财务绩效，推翻了大股东的存在会掏空上市公司这一猜想。两职合一对财务绩效产生微弱的正向影响，说明在中小民营公司中，权力的集中往往有利于公司的监督和管理，进而提升财务绩效。董事会平均年龄正向影响财务绩效，这与前述猜想相反，表明年轻的董事可能在经验、能力方面依然不如年长董事，年长董事在公司决策方面更有经验，决策质量更高。公司规模对财务绩效与组织双元均产生正向影响，即在大规模公司中，公司资源丰富且治理机制更加完善，管理层更加注重对组织双元的培养，且大规模公司的财务绩效也更高。公司长期债务比率负向影响财务绩效，也与前述猜想相反，这可能是因为长期债务的存在加大了公司还本付息的压力，进而抑制财务绩效的提高。

表 5-4-2 所示为基于公司创新绩效的回归结果。列（2）为组织双元对公司创新绩效影响的回归结果，组织双元的回归系数为 0.1460，且在 1% 水平上显著，表明组织双元能够促进公司创新绩效的提升，进而验证假设 H2b 的成立。这验证了张玉明等关于新创公司双元学习与创新绩效关系的研究结论，他们发现双元学习是新创公司整合外部知识和提高内部知识存量的有效机制和提升创新绩效的有效途径。接着，本研究检验组织双元在董事会非正式等级影响公司创新绩效的路径中发挥的中介效应，列（1）为董事会非正式等级对公司创新绩效的影响，回归结果表明两者之间呈正相关关系。随着董事会非正式等级的提升，董事会成

员受到尊敬的程度有很大的差异，存在清晰的等级排序。等级较低的董事会恭敬地倾听高等级董事发言，自己更加关注任务相关事宜，以合作的方式提出建设性想法，从而可以最小化董事间非生产性的冲突，提高团队交互的效率和效益，进而提高公司实施创新战略的可能性。在列（1）基础上加入中介变量组织双元后得到列（3），可以发现，董事会非正式等级的回归系数仍然为正，且在1%水平上显著。但系数从1.1244降低为0.9638，且组织双元依然能够显著促进公司创新绩效的提升，这表明组织双元在董事会非正式等级影响公司创新绩效的路径中发挥部分中介效应，即验证了假设H3b的成立。

表 5-4-2　董事会非正式等级、组织双元与创新绩效

变量	Innovation	Innovation	Innovation
	(1)	(2)	(3)
Ambidexterity		0.1460***	0.1366***
		(6.08)	(5.68)
Informal HC	1.1244***		0.9638***
	(4.23)		(3.64)
CF	1.4127***	1.3923***	1.3667***
	(3.08)	(3.05)	(3.00)
Growth	0.1727*	0.1571*	0.1599*
	(1.91)	(1.75)	(1.79)
Intangible	−0.3289	−0.3901	−0.3624
	(−0.37)	(−0.44)	(−0.41)
First	−0.0015	−0.0013	−0.0014
	(−0.71)	(−0.61)	(−0.65)
Duality	0.1266**	0.1384**	0.1247**
	(2.21)	(2.43)	(2.19)
Age	0.0049	0.0012	0.0022
	(0.56)	(0.14)	(0.26)
Tenure	0.0001	−0.0002	−0.0001
	(0.02)	(−0.11)	(−0.04)
Size	0.4680***	0.4714***	0.4628***
	(13.51)	(13.71)	(13.48)
Ldebt	0.2618	0.1792	0.1000
	(0.37)	(0.25)	(0.14)

变量	Innovation (1)	Innovation (2)	Innovation (3)
Year	Yes	Yes	Yes
Industry	Yes	Yes	Yes
_Cons	−2.5951*** (−4.36)	−2.8262*** (−4.76)	−3.0207*** (−5.08)
N	1748	1748	1748
F value	9.61***	9.17***	9.75***
Adj-R^2	0.2076	0.2164	0.2220

从控制变量的回归结果来看，经营活动净现金流正向影响公司创新绩效。随着经营活动现金流的增加，公司便拥有大量的资金投入创新活动，进而提升公司创新绩效。两职合一对公司创新绩效具有正向影响，两职合一的公司中 CEO 掌握较大的话语权，且自身利益与公司利益相一致。因此，CEO 会做出有利于公司长期发展的创新战略，进而提升公司创新绩效。公司规模对创新绩效具有正向影响，即公司规模越大，可支持公司开展创新活动的资源更加丰富、治理结构相对完善，这有利于公司创新活动的开展。

虽然组织双元在董事会非正式等级影响公司财务绩效与创新绩效的路径中均发挥部分中介效应，但是 Sobel 检验结果显示，在"董事会非正式等级—组织双元—财务绩效"这一路径中，中介效应占总效应的比例为 10.74%；而在"董事会非正式等级—组织双元—创新绩效"这一路径中，中介效应占总效应的比例为 14.28%。因此，从中介效应占比来看，组织双元在董事会非正式等级影响公司创新绩效的路径中发挥更大的中介效应。这表明董事会非正式等级促进组织双元结构的构建更能直接作用于公司创新，而对财务绩效的影响稍弱。这可以从两个方面进行解释。一方面，现有学者在研究公司组织双元结构时，往往向前进一步延伸，提出了双元创新这一概念，进而将公司创新行为分为探索式创新和开发式创新。这表明组织双元的构建更有利于公司不同创新能力的形成，所以对创新绩效的影响更为直接。而公司绩效的概念更为宽泛，受到多种因素的制约，董事会非正式等级通过组织双元影响财务绩效只是其中部分因素。另一方面，创新绩效向公司财务绩效转变需要较长的时间。因为从公司创新资金投入到创新成果转化，需要经历不断检验、市场推广、产品营销等过程，公司创新绩效难以与公司财务绩效在同期保持高度一致性，最终体现为董事会非正式等级对公司财务绩效的影响小于对创新绩效的影响，体现为董事会非正式等级对公司财务绩效的回归系数为 1.1180，而对创新绩效的回归系数为 1.1244。

二、董事会非正式等级、CEO 权力与组织双元

前文的回归分析结果表明，董事会非正式等级确实能够正向影响组织双元。在此基础上，本研究进一步实证检验是否 CEO 权力越大，其对董事会非正式等级和组织双元正向关系的抑制作用就越强。表 5-4-3 所示为 CEO 权力对董事会非正式等级影响组织双元这一关系所发挥的调节效应。其中列（1）为基于两职合一、非独立董事比例以及 CEO 持股与董事长持股比例三者构建的 CEO 权力对董事会非正式等级与组织双元关系的调节效应回归结果。列（2）至（4）分别为非独立董事比例、CEO 与董事长两职合一、CEO 持股与董事长持股比例对董事会非正式等级影响公司组织双元的回归结果。可以看出，列（1）中 CEO 权力与董事会非正式等级的交乘项系数显著为正，即较大的 CEO 权力会强化董事会非正式等级对组织双元的正向影响，这表明假设 H4 并没有得到验证，图 5-4-1 进一步展示了董事会非正式等级与 CEO 权力对组织双元的交互影响，该图显示，较高的 CEO 权力会加强董事会非正式等级的积极作用。这可能是因为，在中小民营公司中，CEO 大部分来自家族内部成员，很少聘请外部经理人负责公司的运营和管理，CEO 和董事会均代表着家族利益，整体而言，CEO 并不会违反董事会的利益去从事自利行为。但当本研究将 CEO 权力的综合指标分解为三个子指标后重新进行回归分析，得到了有意思的结果。

表 5-4-3　董事会非正式等级、CEO 权力与组织双元

变量	Ambidexterity					
	(1)	(2)	(3)	(4)	(5)	（6）
InformalHC	1.4815*** (5.56)	4.0386* (1.73)	0.8072*** (2.76)	1.0841*** (4.63)	5.2655** (2.01)	1.1506*** (4.95)
InformalHC* Power	0.6308*** (2.91)					
Power	−0.1956*** (−2.61)					

变量	Ambidexterity					
	(1)	(2)	(3)	(4)	(5)	（6）
InformalHC* Dependent		−4.7121 (−1.26)			−7.3042* (−1.77)	
Dependent		1.3564 (1.11)			2.0310 (1.48)	
InformalHC* Duality			0.7453* (1.68)		0.8363* (1.72)	
Duality			−0.2076 (−1.50)		−0.2289 (−1.51)	
InformalHC* Share				−0.0136*** (−6.17)	−0.0140*** (−6.16)	
Share				0.0034*** (6.64)	0.0035*** (6.38)	
InformalHC* Position						−0.0056 (−0.01)
Position						0.1009 (0.56)
CF	−0.2361 (−0.70)	−0.2365 (−0.69)	−0.2093 (−0.61)	−0.3841 (−1.03)	−0.4004 (−1.08)	−0.2063 (−0.60)
Growth	0.0231 (0.38)	0.0180 (0.29)	0.0149 (0.24)	0.0240 (0.36)	0.0172 (0.26)	0.0192 (0.31)
Intangible	−0.8414 (−1.10)	−1.1954 (−1.56)	−1.1966 (−1.57)	−1.0348 (−1.24)	−0.9811 (−1.17)	−1.2644* (−1.67)
First	−0.0007 (−0.45)	−0.0012 (−0.74)	−0.0013 (−0.78)	−0.0020 (−1.14)	−0.0021 (−1.17)	−0.0009 (−0.55)
Duality	0.0317 (0.46)	0.0124 (0.27)		0.0078 (0.16)		0.0104 (0.23)
Age	0.0170** (2.51)	0.0161** (2.37)	0.0160** (2.36)	0.0149** (1.96)	0.0140* (1.84)	0.0173** (2.53)

变量	Ambidexterity					
	(1)	(2)	(3)	(4)	(5)	（6）
Tenure	0.0002 (0.09)	0.0003 (0.17)	0.0003 (0.15)	0.0012 (0.56)	0.0014 (0.65)	−0.0001 (−0.07)
Size	0.0399 (1.56)	0.0537** (2.08)	0.0513** (1.99)	0.0420 (1.48)	0.0417 (1.45)	0.0512** (2.00)
Ldebt	0.7904 (1.39)	0.5268 (0.92)	0.5546 (0.96)	0.7951 (1.31)	0.7542 (1.24)	0.5830 (1.01)
Year	Yes	Yes	Yes	Yes	Yes	Yes
Industry	Yes	Yes	Yes	Yes	Yes	Yes
_Cons	3.1314*** (6.98)	2.4010*** (2.72)	3.3367*** (7.74)	3.4349*** (7.14)	2.3002** (2.33)	3.1768*** (7.28)
N	2776	2776	2776	2426	2426	2776
F value	8.73***	3.93***	4.20***	7.09***	6.78***	4.13***
Adj-R^2	0.0635	0.0565	0.0574	0.0645	0.0664	0.0570

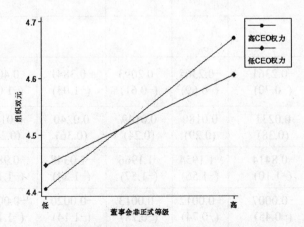

图 5-4-1　董事会非正式等级与 CEO 权力对组织双元的交互作用

在列（2）中非独立董事比例与董事会非正式等级的交乘项系数不显著，即非独立董事持股不会影响董事会非正式等级的治理效果，这与我国独立董事比例均维持在三分之一左右的现实情况分不开，大部分公司设置独立董事仅仅是为了迎合证监会的监管要求。在我国独立董事参加董事会会议的次数也十分有限，难以与非独立董事进行有效交流，在例行会议上往往是一个"花瓶"董事，因此无法为董事会决策建言献计，这将无法影响董事会非正式等级制度的发挥。

在列（3）中，本研究发现两职合一与董事会非正式等级的交乘项系数显著为正。这与综合指标的回归结果解释相一致，即中小民营公司大都是家族公司，董事长和CEO由一人担任或者董事长和CEO为同一家族内部人员，这种关系的存在提高了CEO与董事会沟通的便利性，有利于提高董事会内部决策效率，所以对董事会非正式等级作用的发挥起到了互补作用。

而在列（4）的回归结果中，董事会非正式等级与持股比例的交乘项系数却显著为负，表明CEO持股比例较高时会抑制董事会非正式等级的作用。从指标构建来看，两职合一在一定程度上能够反映CEO与董事会的利益一致性，但是CEO持股相对于董事长持股比例过高时会出现权力的不对等，更易引发CEO机会主义行为，董事会决策会受到强势CEO的干扰。强势CEO能够利用其持有股份影响公司决策，不但能够通过独占信息以及控制董事会会议议程的方式影响董事参与公司战略决策，而且可能会主导董事会会议议程，或在公司内部建立控制权团体，或者任命自己较为熟悉的独立董事进入董事会从而操纵董事会，这对于公司建立组织双元极为不利。虽然对于CEO权力采用综合指标和分指标来衡量并未得出一致的研究结论，但是由于持股比例的抑制作用小于两职合一的促进作用，因此，综合指标检验中，CEO权力在董事会非正式等级影响公司组织双元的关系中发挥加强作用。

综合来看，相对于非独立董事比例与两职合一，CEO持股与董事长持股比例更能衡量中小民营公司中的CEO是否会产生自利行为。为了进一步验证CEO权力调节效应的稳健性，本研究将CEO权力的三个子指标同时放入回归模型，构建CEO权力子指标与董事会非正式等级的交互项，回归结果如表5-4-3的列（5）所示，可以看出基本结论未发生明显变化，但是非独立董事比例与董事会非正式等级的交乘项系数为负，说明在控制住其他子指标后，非独立董事的占比越高越容易助长强势CEO。图5-4-2和图5-4-3分别为两职合一与持股比例的调节效应图，分别验证了前文的回归结果。

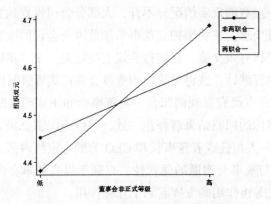

图 5-4-2　董事会非正式等级与两职合一对组织双元的交互作用

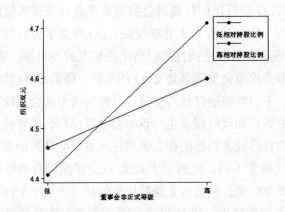

图 5-4-3　董事会非正式等级与持股比例对组织双元的交互作用

　　He·J. 和 Huang·Z. 在考察 CEO 对董事会非正式等级的作用时，主要关注 CEO 在董事会非正式等级中的排名。当塔尖董事同时又是 CEO 时（即位于"塔尖"），由于熟知公司的管理现状，可凭借管理专长和信息优势获得对其他董事会成员额外的影响力，此时的董事会其他成员较之以往更加甘愿在战略决策上服从塔尖 CEO 的领导。由此，塔尖 CEO 在董事会内部实现了职位优势与非职位权力的有机结合，并拥有较之普通塔尖成员更大的领导权。他们将董事会非正式等级与 CEO 位置构成的交乘项纳入回归模型，却发现这一推理并未得到实证结果的支持。因此，本研究在前述回归结果中用 CEO 权力代替 CEO 位置，发现 CEO 权力能够对董事会非正式等级与组织双元的关系产生影响。由于 CEO 权力和 CEO 位置在一定程度上反映了其不同层面的权力特征，本研究也借鉴了 He·J. 和 Huang·Z. 的做法来衡量强势 CEO，具体做法为设置 CEO 位置的虚拟变量 Position，若 CEO 属于董事会成员且处于层级排序的第一名，则为 1，否则为 0。回归结果如表 5-4-3 的列（6）所示，可以看出，交乘项的回归系数虽然为负，但并不显著，这一结论与 He·J. 和 Huang·Z. 的发现十分类似，说明塔尖 CEO 并不能产生调节效应。He·J. 和 Huang·Z. 认为这是因为在《萨班斯－奥克斯利法案》颁布后，CEO 在担任外部董事会成员时变得十分谨慎。而本研究认为，出现这样的结果是因为样本中塔尖 CEO 的数量较少，本研究 2776 个观测值中，仅有 527 个为塔尖 CEO，因此降低了 CEO 位置的影响力。结合前文关于 CEO 权力的分析结果，可以看出，在中国，强势 CEO 的权力产生主要依赖正式制度安排，且主要表现在 CEO 持股对公司产生的控制权，而非正式的人际关系所赋予 CEO 权力的影响力依然较弱。

三、环境不确定性对组织双元中介效应的影响

接着本研究进一步探讨了环境不确定性的调节效应。表 5-4-4 的列（1）为环境不确定性对董事会非正式等级与组织双元关系的调节作用。可以看到，董事会非正式等级与环境不确定性的交乘项为正，但不显著，说明环境不确定性对董事会非正式等级与组织双元之间的关系没有起到调节作用，即假设 H5 不成立。换言之，无论环境不确定性高或低都不影响董事会非正式等级与组织双元之间的正向积极关系的发挥。本研究给出可能的原因：一方面，从统计结果上看，当环境不确定性和董事会非正式等级同时交互作用于组织双元时，董事会非正式等级对组织双元的解释力度更大，所以环境不确定性对二者关系的调节效果没有达到显著。另一方面，从理论解释上看，可能由于董事会非正式等级的特殊性，无论是在环境较为稳定的情境下，还是在环境较为动荡的情境下，董事会非正式等级程度越高，都越可能促进组织在探索与开发上的二元动态平衡。而且，公司组织双元的培养是一个长期过程，在外部环境突变时，董事会的日常决策往往会出现固化，很难在动荡的环境中对组织双元的构建做出及时反应，因此，组织双元往往在较长的一段时间内保持稳定状态。

表 5-4-4　环境不确定性对组织双元中介效应的影响

变量	Ambidexterity	ROA	ROA	Innovation	Innovation
	(1)	(2)	(3)	(4)	(5)
InformalHC	0.4828** (2.27)		0.0184** (2.15)		0.3915 (1.36)

变量	Ambidexterity (1)	ROA (2)	ROA (3)	Innovation (4)	Innovation (5)
InformalHC*EU	0.2430 (0.73)				
Ambidexterity		0.0019** (2.45)	0.0018** (2.34)	0.0649** (2.26)	0.0629** (2.19)
Ambidexterity *EU		0.0020** (2.45)	0.0019** (2.33)	0.0737** (2.39)	0.0727** (2.36)
EU	−0.0010*** (−5.09)	0.0000*** (4.35)	0.0000*** (4.71)	0.0019*** (3.12)	0.0019*** (3.14)
CF	−0.0830 (−0.24)	0.2778*** (18.42)	0.2769*** (18.40)	1.4589*** (2.95)	1.4549*** (2.95)
Growth	−0.0044 (−0.07)	0.0209*** (7.80)	0.0210*** (7.86)	0.1678* (1.66)	0.1702* (1.68)
Intangible	−1.3936* (−1.79)	−0.0415 (−1.34)	−0.0386 (−1.25)	−0.3650 (−0.33)	−0.3496 (−0.32)
First	−0.0007 (−0.46)	0.0003*** (4.90)	0.0003*** (4.84)	−0.0009 (−0.40)	−0.0009 (−0.43)
Duality	0.0140 (0.31)	0.0043** (2.53)	0.0040** (2.37)	0.1529** (2.53)	0.1471** (2.43)
Age	0.0142** (2.13)	0.0005** (2.14)	0.0006** (2.21)	−0.0022 (−0.24)	−0.0017 (−0.19)
Tenure	−0.0002 (−0.12)	0.0000 (0.01)	0.0000 (0.07)	0.0001 (0.03)	0.0002 (0.06)
Size	0.0542** (2.05)	0.0026** (2.55)	0.0025** (2.46)	0.4641*** (11.94)	0.4621*** (11.88)
Ldebt	0.3764 (0.65)	−0.1497*** (−7.18)	−0.1510*** (−7.27)	0.3930 (0.50)	0.3609 (0.46)
Year	Yes	Yes	Yes	Yes	Yes
Industry	Yes	Yes	Yes	Yes	Yes
_Cons	3.5384*** (8.49)	−0.0360* (−1.83)	−0.0404** (−2.06)	−2.4670*** (−3.82)	−2.5647*** (−3.95)

变量	Ambidexterity	ROA	ROA	Innovation	Innovation
	(1)	(2)	(3)	(4)	(5)
N	2410	2410	2410	1471	1471
F value	3.84***	16.58***	16.45***	8.66***	8.55***
Adj-R^2	0.0516	0.2798	0.2811	0.2228	0.2233

列（2）和列（3）为环境不确定性对组织双元与公司财务绩效关系的影响，可以看到组织双元与环境不确定性的交乘项显著为正，即在高环境不确定性下，组织双元更能提升公司财务绩效，验证了假设H6a的成立。这是因为在外部环境发生剧烈变动时，公司能够通过合理利用双元组织结构去提升财务绩效。当组织能够在"探索"和"开发"两种组织结构中做到平衡时，其更能在外部环境剧烈波动时调整公司资源分配方式，避免陷入组织僵化而影响公司财务绩效。同样，当被解释变量为创新绩效时，组织双元与环境不确定性的交乘项显著为正，如列（4）和列（5）所示，验证了假设H6b的成立。即在高环境不确定下，公司"探索"与"开发"的平衡能使公司根据外部环境来调整自身的创新战略决策，使公司在不同的产品线上收放自如，进而有效提升公司的创新绩效。例如，崔维军等在考察政策不确定性对公司双元创新的影响时，发现政策不确定性不仅显著促进了公司的探索式创新行为，还显著促进了开发性创新行为，其研究结论与本研究保持一致。本研究进一步绘制了组织双元与环境不确定性对公司财务绩效和创新绩效的交互效应图，如图5-4-4和图5-4-5所示，进一步验证了前述的相关结论。

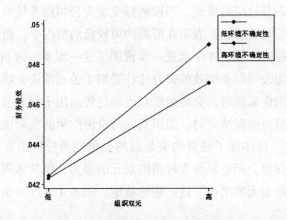

图 5-4-4　组织双元与环境不确定性对财务绩效的交互作用

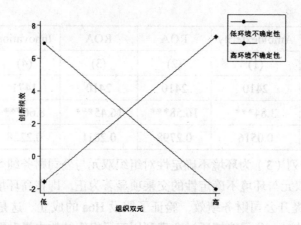

图 5-4-5　组织双元与环境不确定性对创新绩效的交互作用

四、资源约束对组织双元中介效应的影响

接着本研究进一步检验了资源约束对董事会非正式等级与组织双元所发挥的调节作用，以及对组织双元与公司绩效关系所发挥的调节作用，回归结果如表5-4-5所示。列（1）的实证结果显示，董事会非正式等级与资源约束的交乘项系数显著为正，表明在融资约束较低的样本中，董事会非正式等级更能促进公司组织双元的构建，这验证了本研究假设H7的成立，图5-4-6展示了资源约束的调节效应，与实证结果保持一致。由于组织双元的构建需要一定的资源支持，无论是公司的探索活动还是开发活动，均需要足够的资源保障，否则公司在建立组织双元结构时容易陷入僵化。进一步考察资源约束对组织双元与公司财务绩效、创新绩效关系的调节效应后发现，当被解释变量为公司财务绩效时，组织双元与资源约束的交乘项显著为正，表明在资源约束较低的情况下，组织双元更能促进公司财务绩效的提升，图5-4-7也进一步说明了这一现象，进而验证了假设H8a的成立。这是因为公司财务绩效的提升往往受制于公司的资金状况，当公司能够轻易从外部获得融资来源时，会将组织双元的优势运用于提升公司财务绩效的活动。当被解释变量为创新绩效时，组织双元与资源约束的交乘项也显著为正，即假设H8b也成立。这印证了融资约束是制约公司创新投资的重要障碍，只有充分的资金流才能促使公司更好地发挥组织双元的潜力，将其体现于创新活动，否则将陷入"巧妇难为无米之炊"这一尴尬境地。图5-4-8进一步展示了上述研究结论。

表 5-4-5　资源约束对组织双元中介效应的影响

变量	Ambidexterity (1)	ROA (2)	ROA (3)	Innovation (4)	Innovation (5)
InformalHC	-9.4567*		0.0241***		0.9478***
	(-1.66)		(3.14)		(3.57)
InformalHC*SA	3.1635*				
	(1.85)				
Ambidexterity		-0.0319**	-0.0305**	-1.2989**	-1.2463**
		(-2.10)	(-2.02)	(-2.32)	(-2.23)
Ambidexterity *SA		0.0103**	0.0098**	0.4324**	0.4139**
		(2.28)	(2.18)	(2.58)	(2.48)
SA	-0.8167	-0.0439*	-0.0427*	-1.9688**	-1.9595**
	(-1.45)	(-1.94)	(-1.90)	(-2.38)	(-2.38)
CF	-0.2346	0.2831***	0.2817***	1.4133***	1.3917***
	(-0.68)	(20.48)	(20.43)	(3.09)	(3.06)
Growth	0.0196	0.0203***	0.0204***	0.1541*	0.1572*
	(0.31)	(8.25)	(8.32)	(1.72)	(1.76)
Intangible	-1.2174	-0.0319	-0.0302	-0.2748	-0.2635
	(-1.60)	(-1.24)	(-1.17)	(-0.31)	(-0.29)
First	-0.0012	0.0003***	0.0003***	-0.0012	-0.0014
	(-0.73)	(5.43)	(5.36)	(-0.59)	(-0.65)
Duality	0.0090	0.0026*	0.0023	0.1368**	0.1233**
	(0.20)	(1.65)	(1.44)	(2.41)	(2.17)
Age	0.0160**	0.0005**	0.0005**	0.0009	0.0019
	(2.35)	(1.99)	(2.10)	(0.10)	(0.22)
Tenure	-0.0002	-0.0001	-0.0001	-0.0004	0.0001
	(-0.07)	(-1.41)	(-1.31)	(-0.16)	(0.03)
Size	0.0496*	0.0027***	0.0025***	0.4754***	0.4690***
	(1.85)	(2.92)	(2.74)	(13.35)	(13.20)
Ldebt	0.5177	-0.1365***	-0.1388***	0.1992	0.1325
	(0.89)	(-7.17)	(-7.33)	(0.28)	(0.19)
Year	Yes	Yes	Yes	Yes	Yes
Industry	Yes	Yes	Yes	Yes	Yes
_Cons	6.0437***	0.1154	0.1063	3.7458	3.4916
	(3.18)	(1.51)	(1.40)	(1.35)	(1.26)

变量	Ambidexterity	ROA	ROA	Innovation	Innovation
	(1)	(2)	(3)	(4)	(5)
N	2776	2776	2776	1748	1748
F value	8.14***	22.47***	188.82***	9.42***	9.54***
Adj-R²	0.0574	0.2793	0.2820	0.2185	0.2239

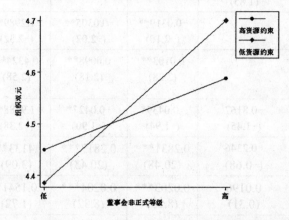

图 5-4-6　董事会非正式等级与资源约束对组织双元的交互作用

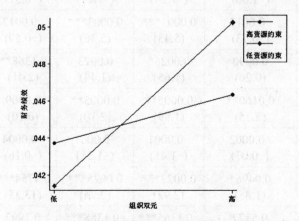

图 5-4-7　组织双元与资源约束对财务绩效的交互作用

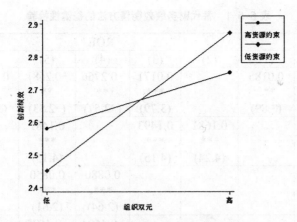

图 5-4-8　组织双元与资源约束对创新绩效的交互作用

第五节　稳健性检验

一、替代关键变量

本研究首先替代公司财务绩效的衡量指标，在主回归结果中，本研究用总资产收益率（ROA）衡量公司绩效，在稳健性检验部分，本研究将采用净资产收益率（ROE）作为衡量公司财务绩效的替代指标。回归结果如表 5-5-1 所示，列（1）的结果表明，组织双元能够促进公司财务绩效的提升，回归系数为 0.0185，且在 1% 水平上显著。并且组织双元在董事会非正式等级影响公司财务绩效的路径中依然发挥部分中介效应，表现为董事会非正式等级对财务绩效的影响，在列（2）中其回归系数为 0.1681，而在列（3）中系数为 0.1493，同时组织双元的回归系数依然显著。这一实证结果与本研究主假设相符合，表明组织双元的中介效应十分稳健。列（4）至（7）分别为资源约束与环境不确定性所发挥的调节效应，其中资源约束与组织双元交乘项的系数显著为正，环境不确定性与组织双元交乘项的系数也显著为正，与前文回归结果保持一致，这表明前文研究结论十分稳健。

表 5-5-1　替代财务绩效衡量方法的稳健性检验

变量	ROE						
	(1)	(2)	(3)	(4)	(5)	(6)	(7)
Ambidexterity	0.0185***		0.0171***	−0.2766**	−0.2681**	0.0063***	0.0060***
	(3.89)		(3.79)	(−2.57)	(−2.53)	(3.46)	(3.30)
InformalHC		0.1681***	0.1493***		0.1481***		0.0659***
		(4.24)	(4.15)		(4.15)		(3.17)
Ambidexterity*SA				0.0880***	0.0850***		
				(2.64)	(2.61)		
SA				−0.4694***	−0.4625***		
				(−2.60)	(−2.59)		
Ambidexterity*EU						0.0052***	0.0049**
						(2.64)	(2.45)
EU						0.0000***	0.0000***
						(2.67)	(3.07)
CF	0.5949***	0.5823***	0.5864***	0.6008***	0.5925***	0.4608***	0.4575***
	(8.25)	(8.16)	(8.23)	(8.22)	(8.20)	(13.22)	(13.20)
Growth	0.0597***	0.0604***	0.0601***	0.0610***	0.0614***	0.0437***	0.0440***
	(5.18)	(5.17)	(5.23)	(5.26)	(5.31)	(5.57)	(5.62)
Intangible	0.0028	−0.0054	0.0146	0.0067	0.0171	−0.0853	−0.0748
	(0.03)	(−0.06)	(0.17)	(0.08)	(0.20)	(−1.10)	(−0.97)
First	0.0008***	0.0008***	0.0008***	0.0008***	0.0007***	0.0007***	0.0007***
	(5.11)	(4.91)	(4.99)	(4.84)	(4.67)	(5.10)	(5.02)
Duality	0.0045	0.0026	0.0025	0.0047	0.0027	0.0098**	0.0089**
	(0.72)	(0.40)	(0.39)	(0.75)	(0.42)	(2.37)	(2.14)
Age	0.0007	0.0012	0.0009	0.0007	0.0008	0.0011*	0.0012*
	(1.03)	(1.62)	(1.24)	(0.94)	(1.15)	(1.79)	(1.90)
Tenure	−0.0003	−0.0003	−0.0003	−0.0001	−0.0000	0.0000	0.0000
	(−1.03)	(−0.96)	(−0.99)	(−0.14)	(−0.02)	(0.06)	(0.14)
Size	0.0098**	0.0094**	0.0085*	0.0117**	0.0106**	0.0077***	0.0074***
	(2.20)	(2.09)	(1.95)	(2.48)	(2.30)	(3.02)	(2.91)

续 表

变量	ROE						
	(1)	(2)	(3)	(4)	(5)	(6)	(7)
Ldebt	−0.0531 (−0.73)	−0.0592 (−0.81)	−0.0684 (−0.96)	−0.0344 (−0.45)	−0.0485 (−0.65)	−0.1374 ** (−2.25)	−0.1420 ** (−2.34)
Year	Yes	Yes	Yes	Yes	Yes	Yes	Yes
Industry	Yes	Yes	Yes	Yes	Yes	Yes	Yes
_Cons	−0.2085 *** (−3.22)	−0.1817 *** (−3.03)	−0.2380 *** (−3.57)	1.3430 ** (2.35)	1.2877** (2.30)	−0.1703 *** (−3.32)	−0.1860 *** (−3.64)
N	2776	2776	2776	2776	2776	2410	2410
F value	7.09***	7.31 ***	7.28 ***	6.68***	6.98***	8.94 ***	9.05 ***
Adj-R^2	0.1322	0.1278	0.1400	0.1399	0.1477	0.1882	0.1919

表 5-5-2 所示为替代公司创新绩效后的回归结果，在稳健性检验部分，本研究采用发明专利来衡量公司创新绩效。在我国，专利分为发明专利、实用新型专利和外观设计专利 3 种[①]，其中发明专利的申请过程较为严格，需要申请者从根本上改变现有的产品和技术能力。钟昌标等认为，组织的发明专利代表了颠覆性技术的产生，是一种全新的概念和技术标准，在一定程度上可以代表公司的探索式创新。因此，发明专利在一定程度上代表公司更高质量的创新。替代创新绩效的衡量方式后，发现组织双元依然能够正向影响创新绩效，当用公司全部专利数量来衡量创新绩效时，组织双元的系数为 0.1460，而当以发明专利衡量公司创新绩效时，组织双元的系数为 0.1200，这表明组织双元在影响公司高质量创新时的作用有限。同时，组织双元在董事会非正式等级影响公司创新绩效的路径中依然发挥中介效应。考虑资源约束与环境不确定性调节效应的影响后，发现高环境不确定性依然能够增强组织双元影响公司创新绩效的正相关关系，然而资源约束所发挥的调节效应减弱，但基本与主回归结果相一致。这表明，中小民营公司的高质量创新活动需要依赖更加完善的制度与资源支持，因此，整体上支持了前文的系列假设。

---

① 《中华人民共和国专利法》规定，发明专利是指对产品、方法或其改进所提出的新的技术方案，实用新型专利是指对产品形状、构造或者其结合所提出的适于实用的新的技术方案，外观设计专利是指对产品的形状、图案、色彩或者其结合所做出的富有美感并适于工业上应用的新设计。

表 5-5-2　替代创新绩效衡量方法的稳健性检验

变量	Invention						
	(1)	(2)	(3)	(4)	(5)	(6)	(7)
Ambidexterity	0.1200***		0.1118***	−0.7876	−0.7274	0.0816***	0.0791***
	(4.91)		(4.57)	(−1.49)	(−1.38)	(2.78)	(2.69)
InformalHC		1.0049***	0.8811***		0.8214***		0.4724
		(3.76)	(3.30)		(3.07)		(1.61)
Ambidexterity *SA				0.2717*	0.2514		
				(1.72)	(1.59)		
SA				−0.3560	−0.3284		
				(−0.47)	(−0.43)		
Ambidexterity *EU						0.0577*	0.0565*
						(1.83)	(1.80)
EU						0.0016**	0.0016***
						(2.58)	(2.61)
CF	1.0231**	1.0461**	1.0026**	0.9705**	0.9553**	1.3854***	1.3806***
	(2.22)	(2.26)	(2.18)	(2.11)	(2.08)	(2.75)	(2.74)
Growth	0.2462***	0.2590***	0.2485***	0.2414***	0.2439***	0.2168**	0.2197**
	(2.72)	(2.85)	(2.75)	(2.67)	(2.71)	(2.10)	(2.13)
Intangible	0.2995	0.3176	0.2982	0.4523	0.4398	−0.3072	−0.2886
	(0.30)	(0.32)	(0.30)	(0.46)	(0.45)	(−0.27)	(−0.26)
First	−0.0024	−0.0026	−0.0025	−0.0019	−0.0020	−0.0020	−0.0021
	(−1.16)	(−1.21)	(−1.19)	(−0.89)	(−0.94)	(−0.89)	(−0.93)
Duality	0.1985***	0.1879***	0.1864***	0.1991***	0.1877***	0.2061***	0.1991***
	(3.48)	(3.27)	(3.27)	(3.49)	(3.30)	(3.34)	(3.22)
Age	0.0101	0.0131	0.0110	0.0091	0.0100	0.0076	0.0082
	(1.16)	(1.51)	(1.27)	(1.05)	(1.16)	(0.81)	(0.88)

变量	Invention						
	(1)	(2)	(3)	(4)	(5)	(6)	(7)
Tenure	0.0039 (1.62)	0.0042* (1.76)	0.0040* (1.67)	−0.0005 (−0.16)	−0.0000 (−0.02)	0.0029 (1.02)	0.0030 (1.06)
Size	0.3673 *** (10.59)	0.3644 *** (10.46)	0.3595 *** (10.37)	0.3439 *** (9.61)	0.3384 *** (9.47)	0.3648 *** (9.19)	0.3623 *** (9.12)
Ldebt	0.0535 (0.07)	0.1134 (0.16)	−0.0038 (−0.01)	−0.0967 (−0.14)	−0.1391 (−0.19)	0.7707 (0.96)	0.7320 (0.91)
Year	Yes	Yes	Yes	Yes	Yes	Yes	Yes
Industry	Yes	Yes	Yes	Yes	Yes	Yes	Yes
_Cons	−3.2530 *** (−5.45)	−3.0873 *** (−5.18)	−3.4324 *** (−5.74)	−1.6939 (−0.66)	−1.9807 (−0.78)	−3.0241 *** (−4.59)	−3.1419 *** (−4.74)
N	1748	1748	1748	1748	1748	1471	1471
F value	7.16 ***	6.94 ***	7.27 ***	7.12 ***	7.20 ***	6.51 ***	6.45
Adj-R^2	0.1669	0.1619	0.1718	0.1709	0.1751	0.1709	0.1718

二、控制地区层面的固定效应

不同地区的经济发展水平存在差异，导致不同地区的公司创新能力与财务绩效有所不同。东部地区综合经济实力较强，公司竞争较为激烈，且具有较高的创新活跃度，因而公司往往有更高的财务绩效和创新绩效。而中西部地区由于经济发展较为落后，诞生于当地的公司往往缺乏冒险精神，且公司可利用资源匮乏，因此公司财务绩效相对更低，创新动力也略显不足。但是，本研究的主回归尚未考虑地区经济发展水平的影响，这可能影响本研究研究结论的可靠性。因此，本研究接下来将通过控制省份固定效应来验证前文的研究结论，得到的回归结果如表5-5-3的列（1）至（9）和表5-5-4的列（1）至（7）。可以看出，在考虑了这一影响因素之后，本研究的基本研究结论未发生明显变化。

表5-5-3 控制地区层面的固定效应（一）

变量	Ambidexterity		ROA						
	(1)	(2)	(3)	(4)	(5)	(6)	(7)	(8)	(9)
InformalHC	1.1009*** (4.97)	1.4628*** (5.40)	0.0251*** (3.22)		0.0222*** (2.84)		0.0217*** (2.96)		0.0158* (1.94)
InformalHC*Power		0.6471*** (2.93)							
Power		-0.2156*** (-2.82)							
Ambidexterity				0.0028*** (4.23)	0.0026*** (3.91)	-0.0338** (-2.13)	-0.0324** (-2.05)	0.0019** (2.40)	0.0018** (2.32)
Ambidexterity*SA						0.0109** (2.31)	0.0104** (2.22)		
SA						-0.0487** (-2.16)	-0.0473** (-2.10)		
Ambidexterity*EU								0.0016* (1.89)	0.0015* (1.75)

变量	Ambidexterity (1)	(2)	ROA (3)	(4)	(5)	(6)	(7)	(8)	(9)
EU								0.0000 (1.05)	0.0000 (1.09)
CF	-0.2193 (-0.62)	-0.2484 (-0.71)	0.2681*** (18.76)	0.2694*** (18.83)	0.2687*** (18.85)	0.2697*** (21.58)	0.2691*** (21.55)	0.2607*** (19.08)	0.2603*** (19.06)
Growth	0.0190 (0.30)	0.0236 (0.38)	0.0196*** (7.89)	0.0195*** (7.93)	0.0196*** (7.98)	0.0196*** (9.71)	0.0197*** (9.75)	0.0204*** (9.25)	0.0204*** (9.28)
Intangible	-1.4211* (-1.82)	-0.9903 (-1.27)	-0.0316 (-1.20)	-0.0286 (-1.09)	-0.0279 (-1.06)	-0.0268 (-1.06)	-0.0262 (-1.04)	-0.0353 (-1.14)	-0.0339 (-1.09)
First	-0.0017 (-1.00)	-0.0010 (-0.62)	0.0003*** (4.73)	0.0003*** (4.85)	0.0003*** (4.80)	0.0003*** (4.89)	0.0003*** (4.82)	0.0003*** (4.51)	0.0003*** (4.47)
Duality	-0.0093 (-0.20)	0.0397 (0.57)	0.0029* (1.84)	0.0032** (2.01)	0.0030* (1.86)	0.0032** (2.02)	0.0030* (1.88)	0.0054*** (3.16)	0.0052*** (3.05)
Age	0.0177*** (2.60)	0.0186*** (2.74)	0.0006** (2.54)	0.0005** (2.29)	0.0006** (2.36)	0.0005** (2.22)	0.0005** (2.28)	0.0006** (2.26)	0.0006** (2.29)
Tenure	0.0011 (0.58)	0.0009 (0.49)	-0.0001 (-1.56)	-0.0001* (-1.66)	-0.0001 (-1.61)	-0.0001 (-1.58)	-0.0001 (-1.49)	-0.0000 (-0.18)	-0.0000 (-0.12)

续 表

变量	Ambidexterity		ROA						
	(1)	(2)	(3)	(4)	(5)	(6)	(7)	(8)	(9)
Size	0.0484* (1.82)	0.0362 (1.37)	0.0031*** (3.32)	0.0032*** (3.45)	0.0030*** (3.20)	0.0032*** (3.47)	0.0030*** (3.24)	0.0031*** (3.09)	0.0030*** (2.98)
Ldebt	0.5692 (1.00)	0.7621 (1.34)	-0.1283*** (-6.72)	-0.1273*** (-6.65)	-0.1298*** (-6.84)	-0.1270*** (-6.74)	-0.1293*** (-6.87)	-0.1415*** (-6.84)	-0.1428*** (-6.91)
Year	Yes	Yes	Yes	Yes	Yes	Yes	Yes	Yes	Yes
Industry	Yes	Yes	Yes	Yes	Yes	Yes	Yes	Yes	Yes
Province	Yes	Yes	Yes	Yes	Yes	Yes	Yes	Yes	Yes
_Cons	3.3509*** (7.54)	3.1703*** (6.91)	-0.0224 (-1.25)	-0.0288 (-1.58)	-0.0313* (-1.73)	0.1358* (1.77)	0.1284* (1.67)	-0.0288* (-1.66)	-0.0311* (-1.79)
N	2776	2776	2776	2776	2776	2776	2776	2410	2410
F value	3.81***	15.51***	24.73***	19.83***	24.19***	13.93***	13.91***	12.71***	12.63***
Adj-R^2	0.0731	0.2938	0.2954	0.2976	0.2963	0.2983	0.2978	0.2986	0.2979

表 5-5-4 控制地区层面的固定效应（二）

变量	Innovation						
	(1)	(2)	(3)	(4)	(5)	(6)	(7)
Ambidexterity	0.1435***(6.02)		0.1332***(5.58)	−1.2639**(−2.26)	−1.1908**(−2.14)	0.0759***(2.66)	0.0733**(2.56)
InformalHC		1.2616***(4.72)	1.1088***(4.17)		1.0910***(4.10)		0.5714**(1.96)
Ambidexterity*SA				0.4208**(2.52)	0.3960**(2.38)		
SA				−1.9471**(−2.36)	−1.9110**(−2.32)		
Ambidexterity*EU						0.0742**(2.40)	0.0715**(2.32)
EU						0.0020***(3.33)	0.0020***(3.38)
CF	1.6243***(3.50)	1.6885***(3.62)	1.6387***(3.55)	1.6390***(3.53)	1.6548***(3.59)	1.7329***(3.45)	1.7470***(3.48)
Growth	0.2088**(2.34)	0.2270**(2.54)	0.2135**(2.41)	0.2051**(2.30)	0.2104**(2.38)	0.2131**(2.12)	0.2181**(2.17)
Intangible	−0.1723(−0.19)	−0.2168(−0.24)	−0.1902(−0.21)	−0.0540(−0.06)	−0.0840(−0.09)	0.1609(0.14)	0.1451(0.13)
First	−0.0004(−0.21)	−0.0007(−0.31)	−0.0006(−0.28)	−0.0005(−0.22)	−0.0006(−0.30)	−0.0004(−0.17)	−0.0005(−0.21)
Duality	0.1355**(2.34)	0.1274**(2.19)	0.1256**(2.18)	0.1347**(2.33)	0.1248**(2.17)	0.1480**(2.41)	0.1417**(2.31)
Age	−0.0010(−0.12)	0.0017(0.19)	−0.0006(−0.07)	−0.0012(−0.14)	−0.0007(−0.09)	−0.0054(−0.59)	−0.0051(−0.55)
Tenure	0.0011(0.46)	0.0015(0.63)	0.0013(0.55)	0.0010(0.37)	0.0016(0.58)	0.0015(0.55)	0.0016(0.60)
Size	0.4361***(12.66)	0.4276***(12.31)	0.4224***(12.26)	0.4413***(12.34)	0.4298***(12.04)	0.4315***(11.03)	0.4266***(10.89)

变量	Innovation						
	(1)	(2)	(3)	(4)	(5)	(6)	(7)
Ldebt	−0.0969 (−0.14)	−0.0757 (−0.11)	−0.1782 (−0.25)	−0.0773 (−0.11)	−0.1454 (−0.20)	0.2692 (0.34)	0.2218 (0.28)
Year	Yes	Yes	Yes	Yes	Yes	Yes	Yes
Industry	Yes	Yes	Yes	Yes	Yes	Yes	Yes
Province	Yes	Yes	Yes	Yes	Yes	Yes	Yes
_Cons	−1.9999 *** (−3.29)	−1.6570 *** (−2.73)	−2.0978 *** (−3.46)	4.4858 (1.62)	4.2353 (1.53)	−1.6594 ** (−2.52)	−1.7320 *** (−2.63)
N	1748	1748	1748	1748	1748	1471	1471
F value	7.86 ***	7.64 ***	8.05 ***	7.77 ***	7.95 ***	7.08 ***	7.06 ***
Adj-R^2	0.2507	0.2446	0.2581	0.2527	0.2598	0.2557	0.2572

三、中介效应 Bootstrap 稳健性检验

为了进一步验证组织双元在董事会非正式等级与公司绩效的关系中发挥中介效应，本研究借鉴温忠麟和叶宝娟的中介效应检验法，采用 Bootstrap 法对组织双元的中介效应存在性进行稳健性检验。我们可以通过观察 Bootstrap 法的 Z 值和置信区间来验证本研究的中介效应。如表 5-5-5 所示，在用 Bootstrap 抽样 3000 次以后，无论是将财务绩效还是创新绩效作为被解释变量，发现 Bootstrap 法的置信区间均显著异于 0，且 Z 值为 3.14 和 3.40，均显著异于 0，说明模型中间接效应存在，即组织双元在董事会非正式等级影响公司绩效的关系中发挥中介效应。

表 5-5-5　Bootstrap 稳健性检验

因变量	Observed Coef.	Bias	Bootstrap Std.Err.	Z	P>|Z|	[95%Conf.Interval]
财务 绩效	0.00296308	0.0000479	0.00094297	3.14	0.002	[0.0013325　0.0049604]（P） [0.0013617　0.0050092] （BC）

续　表

因变量	Observed Coef.	Bias	Bootstrap Std.Err.	Z	P>|Z|	[95%Conf.Interval]
创新绩效	0.160558	-0.0032844	0.04727452	3.40	0.001	[0.0783334　0.2492907]（P） [0.0847976　0.265534] （BC）

第六节　内生性处理

一、Heckman 两阶段备择模型

尽管本研究手工补充了中小民营公司的专利数据，尽量保证了数据的完整性，但是依然存在部分公司尚未申请专利的情况，而当上市公司没有提交专利申请时存在两种可能：一是该公司并没有进行创新活动；二是该公司虽然从事了创新活动，但出于保护核心技术的考虑，没有向国家知识产权局提交专利申请。如果属于后者，则公司在申请专利时存在选择动机，可能造成样本选择偏误，将会对回归结果造成影响。因此，本研究采用 Heckman 两阶段备择模型进行修正，以控制这一影响对回归结果造成的偏差。在第一阶段回归中，以公司是否申请专利为被解释变量，选择公司规模（Size）、资产负债率（Lev）、管理费用率（Managecost）、无形资产占比（Intangible）、第一大股东持股比例（First）、市场竞争强度（Competitive）作为影响公司专利申请意愿的主要变量，构造 Probit 回归模型，获取逆米尔斯比率（IMR），然后将逆米尔斯比率带入 Heckman 第二阶段的回归中，得到的结果如表 5-6-1 所示，回归结果与前文研究结论保持一致。选择方程中 IMR 的系数显著为正，这表明在控制样本选择偏差的条件下回归结果依然显著。从数据分布来看，没有披露专利申请数的观测值为1028 个，若不考虑样本选择偏差，就会对回归结果造成重大影响。

表 5-6-1　Heckman 两阶段备择模型

选择方程（第一阶段）			回归方程（第二阶段）		
变量	（1）	（2）	变量	（3）	（4）
Size	0.0693** (2.42)	0.0695** (2.43)	InformalHC	0.9517*** (3.65)	
Lev	-0.5421*** (-3.77)	-0.5229*** (-3.64)	Ambidexterity	0.1297*** (5.49)	0.1380*** (5.84)

选择方程（第一阶段）			回归方程（第二阶段）		
变量	（1）	（2）	变量	（3）	（4）
Managecost	−0.0777 (−0.25)	−0.0560 (−0.18)	CF	1.3323*** (2.98)	1.3395*** (2.98)
Intangible	3.4882*** (4.46)	3.5043*** (4.48)	Growth	0.0180 (0.56)	0.0174 (0.55)
First	0.0032* (1.80)	0.0032* (1.77)	Intangible	1.1652 (1.18)	1.1807 (1.19)
Competitive	−0.5671** (−2.01)	−0.5463* (−1.94)	First	0.0008 (0.37)	0.0010 (0.43)
_Cons	−0.1997 (−0.88)	−0.2106 (−0.93)	Duality	0.1016* (1.80)	0.1155** (2.05)
			Age	0.0035 (0.42)	0.0026 (0.31)
			Tenure	−0.0005 (−0.20)	−0.0006 (−0.27)
			Size	0.4607*** (12.68)	0.4690*** (12.85)
			Ldebt	0.0801 (0.13)	0.1245 (0.20)
			_Cons	−3.6775*** (−6.18)	−3.4928*** (−5.88)
			IMR	0.9159*** （6.83）	0.9385*** （7.17）
			N	2776	2776
			Year	Yes	Yes
			Industry	Yes	Yes
N	2776	2776	Wald chi2	484.74***	464.51***

注：第一阶段的回归结果中括号内为 Z 值，第二阶段的回归结果中括号内为 t 值。

二、工具变量法

由于董事在选择公司进行任职时具有非随机性，公司的某个特征会吸引某种类型的董事会成员前来任职，进而对组织双元产生影响，即本研究可能存在的某些遗漏变量会影响董事会非正式等级与组织双元之间的关系，为缓解这一问题，本研究探寻了董事会非正式等级的工具变量，并采用两阶段最小二乘法（2SLS）重新进行检验。在工具变量选择中，本研究主要借鉴李文贵的研究方法，采用同年度同行业其他公司金融机构背景高管比例的均值作为工具变量，而这一方法在其他研究中也被广泛应用。采用同年度同行业均值作为工具变量理论上具备可行性：同年度同行业的董事会非正式等级不会影响个体公司的组织双元，且同行业的董事会非正式等级又与单个公司董事会非正式等级具有相关性，即理论上满足工具变量的外生性和相关性。表 5-6-2 为工具变量法的回归结果，其中第一阶段回归结果显示，工具变量 IVInformalHC 在 1% 的水平上显著为正，表明工具变量与内生变量之间具有高度相关性，F 值为 1126.46，大于 10，表明不存在弱工具变量问题，即工具变量的选取有效。在第二阶段回归中，利用第一阶段回归得到董事会非正式等级的拟合值 InformalHC^ 来替代实际的董事会非正式等级。第二阶段回归结果表明，董事会非正式等级能够促进组织双元，表明本研究的研究结论十分稳健。

表 5-6-2　工具变量法回归结果

第二阶段回归结果	Ambidexterity	
	（1）	（2）
InformalHC^	0.7158***	3.14
CF	−0.5884*	−1.72
Growth	−0.0201	−0.64
Intangible	0.0742	0.11
First	−0.0039**	−2.44
Duality	0.0636	1.45
Age	0.0190***	2.88
Tenure	0.0027	1.59
Size	0.0800***	3.38
Ldebt	−0.0189	−0.05
_Cons	2.8143***	7.37
N	2776	
Wald−chi2	48.21***	

第一阶段回归结果	被解释变量：InformalHC	
IVInformalHC	0.9587***	105.02
N	2776	
F value	1126.46***	
Adj-R^2	0.80	

三、固定效应模型

董事会非正式等级与公司财务绩效和创新绩效之间的关系可能会受到一些不可观测的不随时间变化的公司个体因素的影响，如不可观测的公司文化。在集体主义和个人主义两种不同的组织文化中，公司往往会呈现出两种不同的决策方式。强调个人主义的公司文化在决策方面更可能会"服从权威"，而偏重集体主义的公司文化则强调集体决策的重要性，其决策过程更加民主。而根据本研究的分析，组织双元的形成依赖于董事会非正式等级中"塔尖"董事所发挥的重要作用，因此，个人主义文化更有利于促进组织双元的形成，若不控制公司文化的影响，则很难将组织双元的影响因素归因于董事会非正式等级的作用。再比如，权力距离也是影响董事会决策的文化因素，高权力距离文化有利于董事会非正式等级作用的发挥，而低权力距离文化抵制"独断专权"的决策方式。因此，控制公司文化这一遗漏变量对于修正本研究的回归结果十分重要。由于公司文化难以捕捉与度量，但其很少随着年份的变化而变化，因此，学者们采取的处理方式是采用固定效应模型进行回归分析。

为了避免潜在的遗漏变量问题的干扰，本研究采用固定效应模型来控制那些不随时间变化且不可观测的因素，回归结果如表5-6-3和表5-6-4所示。从两表中可以看出，公司层面的个体固定效应均显著为正，说明确实存在一些无法观测的因素会影响公司财务绩效与创新绩效。但在控制住这些不可观测的影响因素后发现，组织双元依然在董事会非正式等级影响公司财务绩效与创新绩效的关系中发挥部分中介效应。在控制住无法观测的个体效应后，资源约束的调节效应与主回归结果保持一致，虽然CEO权力和环境不确定性的调节效应部分不显著，但基本保持了预期符号和方向，因此，本研究的基本回归结果较为稳健。

续 表

表5-6-3 基于固定效应模型的回归结果（一）

变量	被解释变量									
	Ambidexterity	ROA	ROA	ROA	Ambidexterity	Ambidexterity	ROA	ROA	ROA	ROA
InformalHC	1.4540*** (5.57)		0.0306*** (3.74)	0.0277*** (3.37)	0.6606** (2.45)	-12.4792** (-2.24)		0.0263*** (3.20)		0.0282*** (3.00)
Ambidexterity		0.0022*** (3.33)		0.0020*** (2.91)			-0.0306** (-1.99)	-0.0278* (-1.81)	0.0017** (2.16)	0.0016** (1.98)
InformalHC*Power					0.0004 (0.10)					
Power					-0.0276 (-0.52)					
InformalHC*SA						4.1542** (2.51)	-0.1042*** (-3.72)	-0.0992*** (-3.55)		
SA						-0.3270 (-0.40)				
Ambidexterity*SA							0.0098** (2.14)	0.0088* (1.94)		
Ambidexterity*EU									0.0004 (0.47)	0.0005 (0.49)

续表

变量	被解释变量									
	Ambidexterity	ROA	ROA	ROA	Ambidexterity	Ambidexterity	ROA	ROA	ROA	ROA
EU									0.0000 (0.43)	0.0000 (0.38)
CF	-0.4351 (-1.04)	0.1157*** (8.78)	0.1148*** (8.72)	0.1156*** (8.80)	-0.2778 (-0.67)	-0.3979 (-0.95)	0.1132*** (8.59)	0.1132*** (8.61)	0.0967*** (6.72)	0.0968*** (6.74)
Growth	0.0413 (0.78)	0.0131*** (7.95)	0.0133*** (8.04)	0.0132*** (8.00)	0.0052 (0.09)	0.0346 (0.65)	0.0139*** (8.34)	0.0140*** (8.38)	0.0161*** (7.86)	0.0162*** (7.96)
Intangible	-0.6143 (-0.53)	0.0419 (1.16)	0.0433 (1.19)	0.0445 (1.23)	-1.3714 (-1.08)	-0.3516 (-0.30)	0.0275 (0.75)	0.0301 (0.83)	0.0575 (1.28)	0.0634 (1.42)
First	-0.0059 (-1.45)	-0.0000 (-0.11)	-0.0000 (-0.26)	-0.0000 (-0.17)	-0.0099** (-2.52)	-0.0051 (-1.26)	-0.0000 (-0.32)	-0.0000 (-0.36)	-0.0000 (-0.16)	-0.0000 (-0.14)
Duality	0.0558 (0.74)	0.0086*** (3.61)	0.0088*** (3.70)	0.0087*** (3.66)	0.0317 (0.31)	0.0553 (0.73)	0.0087*** (3.66)	0.0087*** (3.71)	0.0110*** (4.21)	0.0110*** (4.23)
Age	0.0163 (1.38)	0.0003 (0.92)	0.0004 (1.11)	0.0004 (1.03)	0.0112 (0.97)	0.0160 (1.34)	0.0002 (0.66)	0.0003 (0.77)	0.0004 (1.02)	0.0004 (1.11)
Tenure	0.0007 (0.27)	-0.0001 (-1.36)	-0.0001 (-1.11)	-0.0001 (-1.13)	-0.0009 (-0.32)	0.0010 (0.35)	-0.0001 (-1.55)	-0.0001 (-1.33)	-0.0001 (-1.32)	-0.0001 (-1.10)

续 表

被解释变量

变量	Ambidexterity	ROA	ROA	ROA	Ambidexterity	Ambidexterity	ROA	ROA	ROA	ROA
Size	-0.0537 (-0.90)	-0.0080*** (-4.26)	-0.0085*** (-4.56)	-0.0084*** (-4.51)	-0.0639 (-1.08)	-0.0677 (-1.13)	-0.0073*** (-3.89)	-0.0078*** (-4.13)	-0.0089*** (-4.34)	-0.0095*** (-4.61)
Ldebt	-0.7156 (-1.45)	-0.0617*** (-3.99)	-0.0650*** (-4.21)	-0.0636*** (-4.13)	1.0440 (1.50)	-0.7155 (-1.45)	-0.0635*** (-4.12)	-0.0652*** (-4.24)	-0.0780*** (-3.16)	-0.0798*** (-3.24)
Year	Yes	Yes	Yes	Yes	Yes	Yes	Yes	Yes	Yes	Yes
Individual effect	2.28***	4.00***	4.03***	4.02***	2.48***	2.29***	4.03***	4.05***	3.89***	3.91***
_Cons	3.7632*** (5.24)	0.0739*** (3.27)	0.0761*** (3.38)	0.0687*** (3.04)	4.4747*** (6.37)	5.0657* (1.84)	0.4157*** (4.38)	0.3940 (4.15)	0.0798 (3.24)	0.0744*** (3.02)
N	2776	2776	2776	2776	2544	2776	2776	2776	2410	2410
F value	7.658***	17.727***	17.932***	17.434***	4.591***	7.236***	16.624***	16.355***	14.272***	14.040***
Within-R^2	0.0540	0.1167	0.1179	0.1213	0.0385	0.0572	0.1224	0.1266	0.1173	0.1217

表 5-6-4　基于固定效应模型的回归结果（二）

变量	被解释变量：创新绩效						
Ambidexterity	0.1742 *** (7.73)		0.1610 *** (7.13)	−1.6617 *** (−3.08)	−1.5150 *** (−2.82)	0.1288 *** (4.94)	0.1244 *** (4.77)
InformalHC		1.5064 *** (5.17)	1.2234 *** (4.25)		1.1833 *** (4.11)		0.7581 ** (2.36)
Ambidexterity *SA				0.5461 *** (3.40)	0.4986 *** (3.12)		
SA				−1.1887 (−1.00)	−0.7685 (−0.65)		
Ambidexterity *EU						0.0168 (0.52)	0.0172 (0.53)
EU						0.0010 (0.68)	0.0012 (0.77)
CF	1.0136 ** (2.09)	1.2275 ** (2.49)	1.1302 ** (2.34)	1.1294 ** (2.31)	1.2551 *** (2.58)	0.9005* (1.77)	0.9511* (1.87)
Growth	0.0020 (0.03)	0.0233 (0.38)	0.0083 (0.14)	−0.0187 (−0.30)	−0.0136 (−0.22)	−0.0420 (−0.49)	−0.0309 (−0.36)
Intangible	−0.5981 (−0.46)	−0.3748 (−0.29)	−0.5411 (−0.42)	−0.3720 (−0.29)	−0.3082 (−0.24)	−1.0566 (−0.67)	−0.9536 (−0.61)
First	0.0114 ** (2.32)	0.0106 ** (2.14)	0.0106 ** (2.19)	0.0096 ** (1.97)	0.0090* (1.86)	0.0065 (1.32)	0.0064 (1.29)
Duality	0.0466 (0.53)	0.0911 (1.02)	0.0652 (0.74)	0.0458 (0.52)	0.0627 (0.72)	−0.0408 (−0.42)	−0.0393 (−0.41)
Age	−0.0114 (−0.82)	−0.0067 (−0.48)	−0.0094 (−0.68)	−0.0119 (−0.86)	−0.0099 (−0.72)	−0.0228 (−1.56)	−0.0221 (−1.52)
Tenure	0.0043 (1.43)	0.0052* (1.69)	0.0050* (1.68)	0.0042 (1.41)	0.0050* (1.67)	0.0034 (1.05)	0.0039 (1.20)
Size	0.1576 ** (2.01)	0.1424* (1.79)	0.1422* (1.83)	0.1558 ** (1.99)	0.1387* (1.78)	0.1487* (1.68)	0.1279 (1.44)
Ldebt	−0.2708 (−0.41)	−0.0337 (−0.05)	−0.1959 (−0.30)	−0.2869 (−0.43)	−0.2241 (−0.34)	0.5749 (0.65)	0.5849 (0.67)

变量	被解释变量：创新绩效						
Year	Yes	Yes	Yes	Yes	Yes	Yes	Yes
Individual effect	5.83 ***	5.80 ***	5.27 ***	5.22 ***	5.24 ***	5.08 ***	5.18 ***
_Cons	0.7317 (0.78)	0.9339 (0.99)	0.4653 (0.50)	5.0307 (1.27)	3.3985 (0.86)	1.7882* (1.77)	1.7098* (1.69)
N	1748	1748	1748	1748	1748	1471	1471
F value	5.664 ***	3.416 ***	6.512 ***	5.843 ***	6.529 ***	2.920 ***	3.088 ***
Within-R^2	0.0507	0.0453	0.0893	0.0765	0.0799	0.0409	0.0661

第七节　本章小结

　　本章内容主要是针对第三章提出的相关假设进行实证检验。本章主要采用了描述性统计分析、相关性分析、均值中位数差异性检验、回归分析、工具变量法等实证方法。在变量构建方面，本研究对于董事会非正式等级的变量度量创新性地考虑了中国背景下的"人情关系"，将政治关联和金融关联纳入考虑范畴，从而构建了适合中国制度背景的董事会非正式等级测量方法。在组织双元的测度中，本研究区别于以往做法，采用了文本分析，这对于组织双元的测度有一定的贡献。在对公司绩效的衡量上，本研究主要考虑财务绩效和创新绩效，对于公司绩效的研究而言更为全面。因此，本研究的变量测度具有一定的科学性、创新性和完整性。在主假设检验中，主要借鉴了温忠麟和叶宝娟的中介效应检验方法，检验了组织双元在董事会非正式等级影响公司绩效中所发挥的中介作用。此外本研究还检验了 CEO 权力、环境不确定性以及资源约束对组织双元中介效应的影响。考虑到本研究存在的内生性问题，笔者采用了 Heckman 两阶段备择模型、工具变量法、固定效应模型进行检验，检验结果均支持本研究所提出的基本假设。

第六章 研究结论与展望

本章为研究结论与展望，对本研究的实证结果进行了归纳和总结，并据此提出相应的管理启示。同时，还系统梳理了本研究的局限性，以期为未来研究提供方向。

第一节 研究结论

董事会的战略参与观认为，董事会监督治理职能与战略决策职能的融合有利于提高董事会战略参与效果，董事会会议决策质量和效率的高低影响着公司长远的战略规划，对公司发展方向起着重要的决定性作用。因此，如何采取有效措施来提高董事会决策质量、减少决策失误就成为公司治理的重大课题。

对于董事会治理的相关研究，以往学者提供了丰富的理论参考，从不同角度来考察董事会特征对公司治理的影响。大多数研究以委托—代理理论为基础，主要关注董事会规模、董事会人员统计特征、董事会成员持股、董事会会议等对公司治理绩效的影响。这类研究大多依据"经济人假设"对董事会正式结构进行探讨，少有关注董事会非正式结构的。同时，一些学者则开始关注董事会成员所具有的社会资本（如政治关联、金融关联等）对公司发展的影响。这类研究虽然较充分地重视了董事会非正式结构的重要作用及董事个体的社会资本对公司运营的影响，却没有深入分析董事会内部成员之间就决策和监督等核心职能的群体互动过程。诚然，存在差异的社会资本势必会在董事会内部调节董事之间的互动关系，从而影响董事会成员在群体内部所处的地位等级。但董事会的决策和监督质量并非只受决策和监督的影响，事实上，来自组织行为学领域的研究表明，地位特征理论和关系契约理论对于群体内部的互动行为具有充分的解释功能。

此外，当前的公司治理学界已经越来越从原来基于"经济人假设"的范式向"社会人假设"甚至"治理人假设"的范式转变。虽然董事会治理研究领域现已有部分学者开始关注董事会非正式等级，但大多聚焦于董事会非正式等级与公司绩效之间的关系，缺乏对董事会内部决策机制的深入考察，因此无法打开董事会非正式等级影响公司绩效的黑箱。

鉴于此，本研究以我国中小民营上市公司 2012—2019 年的董事会信息与相关财务数据和专利数据为研究样本，结合中国文化传统情境，将政治关联和金融关联纳入董事会非正式等级的衡量范畴，借鉴基尼系数的计算方法并参考其经济启示，构建了董事会非正式等级的衡量指标体系。在此基础上，本研究进一步探讨了组织双元在董事会非正式等级影响公司财务绩效与创新绩效的路径中发挥的中介效应。此外，本研究还考察了 CEO 权力如何影响董事会非正式等级与组织双元之间的关系，以及环境不确定性与资源约束对组织双元中介效应的影响。通过一系列稳健性检验与内生性检验之后，本研究得到如下结论。

第一，董事会非正式等级能够促进组织双元的培养，即这种隐性的董事会非正式结构有利于公司探索能力和开发能力的提高。现有相关研究对董事会非正式等级的性质判定莫衷一是，概括而言，现有研究发现董事会非正式等级既可能促进公司绩效的提高，又有可能由于地位竞争降低投资和决策的效率和效果，进而对公司绩效产生消极影响。本研究从群体内部的互动过程着手，发现地位等级差异普遍存在于各类群体中，作为一类群体的董事会也不例外。董事会决策质量取决于正式制度和非正式制度的有机配合。由于董事会个体成员的地位差异形成的非正式等级同样会对董事会决策产生影响。这种金字塔形的决策机制在董事会成员内部形成了默认秩序，拥有出色决策能力和影响力的董事往往会赢得其余董事会成员的尊敬和服从，从而减少了董事会内部因为意见不合而引发的决策冲突。此外，董事会非正式等级塔尖董事出于维护已得到满足的他尊需要和自我实现需要，具有充分动机去开发现有业务以及制定探索性决策。而塔尖董事的意见之所以受到重视，根本原因在于其具备实现公司不同类型股东的投资目标的能力，能够从投资决策、公司文化、组织结构、团队建设、预算支持等方面为组织双元的培养创造条件。本研究从理论分析和实证检验两方面论证了董事会非正式等级对组织双元的积极影响，调和了现有研究对董事会非正式等级性质判定的分歧，对于从董事会非正式结构的角度探索公司动态能力具有重要的开拓意义，深化了人们对组织双元的认识。

第二，组织双元能够提升公司的财务绩效与创新绩效，这一结论与以往多数研究的成果一致。自马奇之后，探索和开发之间的平衡被认为对公司业绩是最重要的。在文卡特拉曼提出衡量探索和开发平衡与否的量化方法后，其成果得到后续研究的广泛借鉴，实证结果却各有差别，多数支持组织双元与公司绩效的正相关关系。事实上，"平衡"是一个宽泛且充满弹性的概念，并不适合设定一个统一的标准对之进行衡量，原因在于不同公司有着各自的特殊性，且面临的政策环境、行业竞争和资源约束等外部因素也是各不相同的。本研究认为，所谓"平衡"，应当是公司依照自身的内外部客观条件，围绕既定的使命和宗旨，根据短期收益需求与破解未来发展难题的迫切性和重要程度，选定开发标的与探索标的，并恰当地在二者间分配资源和精力，以实现公司长期发展的目标。这也是组织双元作为框架化动态能力的动态属性的体现。任何机械的平衡标准都不能真正成为公司长期发展所需完成的关键指标。需要注意的是，在重视程度上，公司最高领导层应对探索和开发一视同仁[①]，在同等重视态度上若处理不慎，易造成探索业务虎头蛇尾，最终被开发业务所侵蚀和产生难以挽回的资源浪费，使公司陷于风险之中。其实，作为框架化的动态能力，组织双元的基本功能是保证公司不在探索和开发二者间偏执一端。开发活动虽然有利于保证公司未来的稳定收益，但对其过于强调则会使公司难以适应未来发生的重大环境变化，而过于强调探索活动则又会对公司当前的生存产生消极影响。鉴于此，组织双元的核心价值就在于使公司在确定使命和宗旨的前提下，通过灵活地配置探索性和开发性资源，在当前生存和未来发展中形成持续且趋稳定的现金流。而公司的创新投入和创新成果也在公司制度上得到了可持续的保证，排除了间断的隐患。

第三，组织双元在董事会非正式等级影响公司财务绩效与创新绩效的路径中发挥部分中介效应，但中介作用的程度存在差别。组织双元在董事会非正式等级影响公司财务绩效中的中介效应占比为10.74%，而在董事会非正式等级影响公司创新绩效中的中介效应占比为14.28%，后者的中介作用强于前者。组织双元之所以发挥部分而非完全中介作用，原因在于组织双元只是董事会影响公司绩效

---

① 根据多米诺效应，一个很小的初始能量可能产生一连串的连锁反应……在企业的快速发展过程中，不可避免地存在很多漏洞和隐患，而这些漏洞和隐患能否及时得到解决将决定企业的生死存亡。纵观一些不可一世的商界巨头，他们的倒下或即将倒下不外乎有三种原因：一是过度扩张；二是决策失误；三是最恶劣的财务欺诈。公司领导层是公司经营的源头，其在观念上的偏差会反映到具体的战略决策上来，进而会影响战略的执行和监督。相对于战术，战略实践需要公司投入大量资源，若领导层对之重视程度不够，则其后续执行势必难以一以贯之，难免不了了之并被其在公司内部的矛盾方蚕食挤压，落得个虎头蛇尾的结局。也就是说，衍生于该战略决策的一切后续环节都会偏离其本来道路，最终阻碍公司长期健康发展。

的媒介之一。就董事会而言，战略决策虽然是其职能内容中的核心部分，但事务性决策同样会对公司绩效产生重要的影响。我国 2002 年颁布的《上市公司治理准则》规定，上市公司须设立由董事组成的战略、审计、提名、薪酬和考核等方面的专业委员会，董事会则在各专业委员会的建议下制定和实行预算和财务审计、薪酬设计和激励措施等方面的决策，以达到抑制管理层机会主义行为、调动员工工作积极性等目的，从而提高公司的财务绩效和创新效率。上述因素等使组织双元在董事会非正式等级和公司绩效之间发挥部分中介作用。而组织双元对财务绩效和创新绩效的中介作用之所以存在差别，是因为组织双元的构建本质上是对公司探索能力和开发能力的培养，而探索性创新和开发性创新又是组织双元的重要实践过程，其创新产出则是组织双元强弱的最直接反映。此外，创新产出与其经济效益的实现并不存在着必然的联系，毕竟二者之间存在着市场需求、营销能力等诸多中间因素，而探索性创新相对于开发性创新的不确定性更强。上述原因造成组织双元的中介作用在财务绩效和创新绩效之间存在差异。对部分中介作用的分析，可使读者从更深的层面去考虑董事会非正式等级的作用机制。

第四，CEO 权力加强了董事会非正式等级对组织双元的促进作用。在传统的公司治理框架下，股东、董事会与管理层的利益相互制约，任何一方的过于强大都会使公司治理失衡。随着 CEO 权力的增大，股东、董事会与管理层的平衡关系将被打破，此时，董事会对 CEO 的监督功能被削弱。当 CEO 处于优势地位时，会对董事会的选聘进行干预，也会对董事会的决策过程施加影响。因此，强势 CEO 会严重降低董事会的运行效率。但是本研究的研究发现与此相反，本研究的实证结果显示，CEO 权力综合指标能够促进董事会非正式等级发挥作用，且从 CEO 权力的分指标来看，这一效应主要是 CEO 与董事长两职合一引起的。这与我国中小民营公司的经营状况吻合，即家族公司中往往 CEO 同时担任董事长，此时 CEO 与董事会的利益相一致，均从家族公司的长远利益出发，从而对董事会决策产生积极影响。但是，当 CEO 持股比例高于董事长时，这种权力的平衡将会被打破，此时，强势 CEO 会引发代理问题，降低组织双元的构建概率。

第五，环境不确定性对董事会非正式等级与组织双元之间的关系没有起到调节作用，但对组织双元与公司财务绩效和创新绩效之间的关系起到了正向调节作用。一方面，由于中国文化传统下董事会非正式等级的特殊性，无论是在外部环境平稳还是较为动荡的情境下，董事会非正式等级越清晰，越可能促使公司在探索和开发之间保持动态的二元平衡。另一方面，本研究发现，环境不确定性越高，组织越可以利用组织双元形成的竞争优势帮助公司获取创新资源，从而有效推动公司创新绩效的提高。同时，环境不确定性越高，公司也越可以通过对现有知识的开发性学习实现内部资源与外部环境的适应与匹配，从而促进公司财务绩效的稳定增长。

第六，资源约束同时正向调节董事会非正式等级与组织双元的关系以及组织双元与公司绩效的关系。因此，在"董事会非正式等级—组织双元—公司绩效（财务绩效和创新绩效）"这一逻辑链条中，资源约束对前半路径和后半路径均发挥"润滑剂"作用。在我国，中小民营公司面临着严重的融资约束问题，只有在财务环境较为宽松的情况下，董事会非正式等级的存在才能帮助公司整合现有资源，从而形成充满柔性的组织双元。而当公司资金紧张时，董事会根本无暇顾及公司应当建立何种组织架构来适应外部市场竞争，因此，充裕的财务资金有利于促使董事会成员建立适合公司长远发展的组织结构。但是，即使公司具备了构建组织双元的意识，且形成了双元化战略，也需要充足的资金支持，最终便体现为公司财务绩效和创新绩效的提升。

第二节　研究启示

针对本研究的研究结论，为更好地在董事会内部形成有效的决策机制以及更好地提升公司财务绩效与创新绩效，本研究提出如下政策建议。

第一，公司在选聘人员进入公司董事会时，要注重董事的社会资本、社会声誉等对董事个人能力的影响。在我国文化传统情境下，董事专业能力、人力资本和社会资本的差异极易导致在董事会内部形成非正式等级，这种地位差异会给董事会决策带来便利，例如，减少董事会成员的认知冲突、降低决策成本、提高决策效率等。因此，如果公司内部经常存在董事间发生冲突导致决策无法达成的情况，那么公司应当选择具有差异性社会资本的董事进入公司董事会，这在一定程度上有利于董事会职能的发挥。但在目前，尤其是我国的中小民营公司中，董事会非正式等级还不清晰，基尼系数均值尚未超过 0.4，说明董事会成员社会资本异质性较低，上市公司在聘任董事会成员时还尚未注意到董事会非正式等级的作用。由于目前我国的独立董事制度还不完善，"花瓶"董事在我国较为常见，借鉴董事会非正式等级的思路，公司在聘请独立董事时，应当着重考虑其进入董事会后的地位排名，这一方面能够发挥非正式等级提高决策效率的作用，另一方面对于提高我国独立董事监督与咨询能力具有重要意义。尤其是在民营公司中，董事会成员任职受地方政府干预较少，他们更应当利用这一优势有意识地促进董事会成员的多样化，从而提高董事会治理水平。此外，虽然本研究尚未发现董事会非正式等级存在决策僵化的问题，但当公司实际运用非正式等级设计有效的董事会治理结构时，应当注意这一问题，如果公司董事会决策表现出绝对的权威服从，那么公司应当降低董事会成员的差异性，促进民主决策氛围的形成，从而纠正董事会决策偏差。

第二，要注意 CEO 权力对董事会决策有效性产生的影响。虽然整体而言，本研究尚未发现 CEO 权力产生了负面影响，但是应当注意的是，CEO 持股比例偏高现象会带来消极影响，理性认识 CEO 权力对公司治理产生的影响有助于构建合理的公司治理机制。在当代公司治理中，CEO 权力的加强并不意味着公司治理水平的提高，它可能代表着公司权力过于集中的现象。虽然赋予 CEO 更大权力有助于减少 CEO 决策短视，但是强势 CEO 的存在可能会引发一系列消极后果，具体到对董事会治理机制的影响时，发现 CEO 权力过大会影响董事会成员任职与董事会决策行为，进而影响到董事会非正式等级作用的发挥。因此，为了使董事会非正式等级发挥作用，公司必须要时刻加强对 CEO 权力的监管，使 CEO 权力大小保持在一个合适的范围之内，既要避免因 CEO 权力过小而成为董事会的傀儡，又要避免其权力过大而引发 CEO 独裁。具体而言，上市公司在进行 CEO 权力控制时，要避免 CEO 持股比例过高，在董事会内部安排更多具有高社会资本的独立董事以及降低 CEO 相对于董事会成员的持股比例，加强对 CEO 的监管，适度控制 CEO 的权力。虽然本研究没有关注董事长的正式等级与非正式等级重合时对董事会决策的影响，但需要注意的是，为了避免董事长的"双重"等级身份同时处于董事会金字塔层级的最高层而引发操纵董事会、干预董事会决策的风险，公司在聘请董事长时，需要考虑董事长的社会资本和社会影响力大小，要关注董事会内部各个成员的等级地位，选择一个更有利于董事会制定决策的董事长来领导董事会成员，从而降低公司代理成本，提高治理水平。

第三，公司应当加强自身组织双元的培养。本研究证实了组织双元对公司财务绩效和创新绩效均呈现显著正向影响。组织双元的概念在本研究中更侧重于战略双元，但组织的双元行为还包括双元领导、双元学习等维度，但无论组织要开展何种双元，均离不开"探索"和"开发"这两个要素。探索活动要求公司不断探索新的领域，具有较高的风险，但是，一旦成功便可获得超额利润。而开发活动则是对现有技术和发展的革新，面临的风险较低，只能获得平稳的短期利润，但对于维持公司持续经营具有重要意义。因此，探索和开发必须在公司保持均衡，忽视两者中的任何一个都无法形成持续的竞争优势。因此，公司必须加强对组织双元的培养。此外，公司在利用双元结构时，还要关注外部环境的变化，在外部环境发生激烈动荡时，公司应该迎难而上，勇于在激烈的竞争环境中求生存，积极利用自身的组织双元来提升公司绩效与创新绩效。同时公司应当积极拓展外部融资，从而缓解自身的融资难问题，融资难问题的缓解势必会促进公司绩效的提升。

第三节　研究局限与展望

本研究通过综合委托—代理理论、地位特征理论、关系契约理论构建了董事会非正式等级、组织双元和公司绩效的理论框架，并通过实证检验得出了本研究的研究结论。在某种程度上丰富了"董事会非正式等级影响公司绩效"的机理研究以及作用条件。但局限于笔者的研究能力和认知水平，本研究还存在一定程度的局限性，需要在未来研究中进行拓展，具体表现为以下五个方面。

第一，董事会非正式等级并非组织双元的唯一影响因素。本研究基于理论分析和实证检验论证了董事会非正式等级对组织双元的积极作用，推进了组织双元研究向纵深发展。然而，从组织双元的动机源头来审视，便会产生董事会非正式等级并非组织双元唯一影响因素的认知。组织双元作为公司的框架化动态能力，其效力的发挥在行为上固然首先体现在公司最高领导层的战略决策，但行为背后必然由致力于公司长期健康发展的指导思想所推动。这种指导思想可能是单纯的带有探索和开发性质的发展思路，这是一般的理解。但也有可能是一套交融于公司使命和价值观的逻辑体系，该逻辑体系的形成和提出始于公司创始人或公司发展历程中的核心领导人，由公司长期秉持和贯彻，并在后续发展中不断迭代升级，其在公司经营实践中的阶段性具体体现与组织双元并无二致，只是在效力上更加持久绵恒。事实上，已有研究者对这类逻辑体系进行了归纳总结，提出了公司理

论的概念 ①，并对其后续演变和迭代升级做了系统化的探讨。以公司理论为出发点，探讨组织双元在公司层面的实现不但在理论上可以使组织双元研究进一步上升到指导思想层面，而且在实践上对于公司实现基业长青有着更为深刻的意义，后续研究应对此充分重视。

第二，未能系统论述董事会正式制度与董事会非正式等级的关系。董事会正式制度是董事会非正式制度的基础，只有在董事会成立并在公司法和公司章程的框架内形成一定的正式制度后，董事会非正式制度才存在相应的生存空间。本研究以此为隐含前提展开，根据董事会正式制度的三个统领原则，即董事会是公司权力的最高行使者、董事会采用一人一票平等的并且集体合议方式行事、董事会对公司制度的有效和正当运作负有最后责任，并结合非正式等级在各类群体中普遍存在的事实，以及群体权利分配的均等程度与非正式等级的清晰度呈正比这一社会学研究成果，判断出非正式等级在董事会内部存在的合理性，进而探讨其作用机理，构建"董事会非正式等级—组织双元—公司绩效"研究框架并进行实证检验。然而，正如董事会非正式等级不能代表董事会非正式制度的全部 ②，上述三项统领原则以及相关联的董事会正式等级也仅仅是董事会正式制度的一部分。其实，董事会正式制度不但决定着包含非正式等级在内的董事会非正式制度的存在，决定着作为本研究核心变量的董事会非正式等级的清晰程度，还决定着既定清晰度下董事会非正式等级的质量。这里的质量，应聚焦于董事会非正式等级中所有成员的整体素质，在确定的清晰度下，其突出体现于塔尖董事的道德、情怀、境界、能力，还体现在其余董事的悟性和才华上。质量是董事会非正式等级本身所不能解决的，它的改善依赖于董事会正式等级。因此也可以认为，董事会正式制度从根本上决定着董事会决策乃至整个公司运营的质量。上述讨论也揭示了本研究的另一不足之处，即本研究将董事会正式制度视为既定的，集中精力分析和检验基本研究框架的合理性，未能够系统讨论董事会正式制度与董事会非正式等级的结合问题。未来研究应对此予以重视，深入探讨董事会正式制度和董事会非正式制度的相互作用，董事会正式制度对董事会非正式等级的塑造，以及董事会正式制度作为调节变量在董事会非正式等级与组织双元关系中的边界作用等。这些问题的解决，不但在理论上可以深化对董事会非正式等级的认识，且对公司战略的决策和实施具有重要的实践意义。

---

① 曾格用公司理论来概括指导公司长期发展的逻辑体系，将其定义为"管理者可反复使用的一套论理，用以从众多可取的资产、行为和资源中挑选出彼此呈互补作用且有助于公司价值创造的内容"。
② 典型的董事会非正式制度还包括诸如约定俗成的隐性规则、董事会文化、价值观、氛围、信仰等。

第三，在变量衡量方面存在一定的局限性。首先是董事会非正式等级的衡量。在衡量董事会非正式等级时，因受到信息收集渠道的限制，本研究只考虑了董事在其他上市公司、政府部门、金融机构的任职情况，而未考虑行业协会、大学等社会职务的影响。而诸如这些是董事会社会资本的重要组成部分，但本研究由于在数据搜集方面存在一些困难，未将这些社会资本进行考虑。未来研究应该扩展社会资本的内涵，将董事会非正式等级的衡量指标做得更加完善，更符合中国的传统文化特点。其次，对于组织双元的衡量，本研究虽然采用了较为前沿的文本分析技术来测度组织的"探索"和"开发"，但是这一测量方法基于国外的词典定义，国外的单词表达并不一定能为其找到最合适的中文表达方式，这会造成组织双元的测度偏误。

第四，对董事会非正式等级的概念界定也需要完善。对于董事会非正式等级的概念界定，本研究认为董事会非正式等级之所以存在，是因为董事会成员被尊敬的程度不同。但在实际运营中，董事会成员在处理人际关系方面的能力也会影响其在董事会中的受尊敬程度。由于人际关系处理能力的差异性，董事会内部会形成一些决策小团体，这会在董事会内部引起董事地位的重新排名，进而重塑董事会非正式等级。此外，年龄和任期也是影响董事地位的重要因素，对于那些任期较长的董事而言，他们更了解公司的发展历史，积累了丰厚的决策经验，因此更容易影响那些资历尚浅的董事会成员，且在我国注重礼序的文化传统情境下，任职期限较短的董事更倾向于接受长期任职于公司的董事所提出的建议。因此，任期对董事会非正式等级的影响应该考虑。同时，年龄也会影响董事会成员之间的地位差异，年长的董事往往被认为具有丰富的社会履历，能够提出更加理想的建议方针，这也会打破董事的地位排名。因此未来的研究应该尽可能全面考虑影响董事会成员地位排序的因素，从而丰富董事会非正式等级的研究内涵。

第五，未来研究还应考虑其他情境因素和公司内部因素。本研究考察了CEO权力、环境不确定性和资源约束对主效应的调节作用，但是在实证检验过程中，笔者发现部分情境因素的回归结果并未得到支持。因此，未来的研究应着重考虑其他的内部因素，如产权性质、股权链条层级对董事会非正式等级与组织双元关系的影响。

第四节　本章小结

本章首先对全书的研究进行了总结：董事会非正式等级能够促进组织双元的培养，组织双元能够提升公司的财务绩效与创新绩效；组织双元在董事会非正式等级影响公司财务绩效与创新绩效的关系中发挥部分中介效应，但中介作用的程度存在差别；CEO 权力加强了董事会非正式等级对组织双元的促进作用；环境不确定性对董事会非正式等级与组织双元之间的关系没有起到调节作用，但对组织双元与公司财务绩效和创新绩效之间的关系起到正向调节作用；资源约束同时正向调节董事会非正式等级与组织双元的关系以及组织双元与公司绩效的关系。

其次，本章针对以上结论，为更好地在董事会内部形成有效的决策机制以及更好地提升公司财务绩效与创新绩效，提出相应的政策建议：公司在选聘人员进入董事会时，要注重其社会资本、社会声誉等对个人能力的影响；要注意 CEO 权力对董事会决策有效性产生的影响；公司应当加强自身组织双元的培养。

最后，本章阐明本书研究的局限性并指出未来可以从以下方面进一步完善相关研究：可研究组织双元中除董事会非正式等级以外的影响因素，可系统论述董事会正式制度与董事会非正式等级的关系，构建更加有效的词典来测量变量，完善董事会非正式等级的概念界定，进一步考虑其他情境因素和公司内部因素。

参考文献

［1］费孝通. 乡土中国［M］. 上海：上海人民出版社，2013.

［2］梁漱溟. 中国文化要义［M］. 上海：上海人民出版社，2018.

［3］曹勇，周蕊，周红枝，等. 资源拼凑、双元学习与企业创新绩效之间的关系研究［J］. 科学学与科学技术管理，2019，40（06）：94-106.

［4］曾江洪，何苹. 国有上市公司董事会非正式层级与财务绩效关系的研究［J］. 财务与金融，2014（06）：78-82.

［5］曾江洪，肖涛. 董事会非正式层级、技术董事与技术创新绩效［J］. 科技与经济，2015，28（03）：1-5.

［6］陈德萍，陈永圣. 股权集中度、股权制衡度与公司绩效关系研究：2007—2009 年中小企业板块的实证检验［J］. 会计研究，2011（01）：38-43.

［7］陈文俊，彭有为，胡心怡. 战略性新兴产业政策是否提升了创新绩效［J］. 科研管理，2020，41（01）：22-34.

［8］陈文平，段锦云，田晓明. 员工为什么不建言：基于中国文化视角的解析［J］. 心理科学进展，2013，21（05）：905-913.

［9］崔维军，孙成，傅宇，等. 政策不确定性与企业双元创新行为选择："激流勇进"还是"循序渐进"［J］. 科学学与科学技术管理，2019，40（11）：68-81.

［10］邓建平，曾勇. 金融关联能否缓解民营企业的融资约束［J］. 金融研究，2011（08）：78-92.

［11］邓少军，芮明杰. 高层管理者认知与企业双元能力构建：基于浙江金信公司战略转型的案例研究［J］. 中国工业经济，2013（11）：135-147.

[12] 杜兴强, 陈韫慧, 杜颖洁. 寻租、政治联系与"真实"业绩: 基于民营上市公司的经验证据 [J]. 金融研究, 2010 (10): 135-157.

[13] 杜兴强, 殷敬伟, 赖少娟. 论资排辈、CEO 任期与独立董事的异议行为 [J]. 中国工业经济, 2017 (12): 151-169.

[14] 杜勇, 刘建徽, 杜军. 董事会规模、投资者信心与农业上市公司价值 [J]. 宏观经济研究, 2014 (02): 53-62.

[15] 冯根福, 赵珏航. 管理者薪酬、在职消费与公司绩效: 基于合作博弈的分析视角 [J]. 中国工业经济, 2012 (06): 147-158.

[16] 龚红. 董事会结构、战略决策参与程度与公司绩效 [J]. 财经理论与实践, 2004 (02): 103-107.

[17] 郭岚, 苏忠秦. 地方保护、政治关联与企业社会责任: 来自酒类上市公司的经验证据 [J]. 软科学, 2017, 31 (06): 110-114.

[18] 韩杨, 罗瑾琏, 钟竞. 双元领导对团队创新绩效影响研究: 基于惯例视角 [J]. 管理科学, 2016, 29 (01): 70-85.

[19] 郝云宏, 周翼翔. 董事会结构、公司治理与绩效: 基于动态内生性视角的经验证据 [J]. 中国工业经济, 2010 (05): 110-120.

[20] 何威风, 刘巍. 公司为什么选择法律背景的独立董事? [J]. 会计研究, 2017 (04): 45-51.

[21] 胡琼晶, 谢小云. 团队成员地位与知识分享行为: 基于动机的视角 [J]. 心理学报, 2015, 47 (04): 545-554.

[22] 胡元木, 纪端. 董事技术专长、创新效率与企业绩效 [J]. 南开管理评论, 2017, 20 (03): 40-52.

[23] 江永众, 熊平. 我国上市公司内部治理与财务绩效关系的实证研究 [J]. 经济体制改革, 2006 (06): 52-55.

[24] 鞠晓生, 卢荻, 虞义华. 融资约束、营运资本管理与企业创新可持续性 [J]. 经济研究, 2013, 48 (01): 4-16.

[25] 赖换初. 儒家礼育思想及其现代价值 [J]. 求索, 2004 (02): 103-106.

［26］李桦. 战略柔性与企业绩效：组织双元性的中介作用［J］. 科研管理，2012，33（09）：87-94.

［27］李剑力. 不确定性环境下探索性和开发性创新的平衡与公司绩效关系研究［J］. 中国科技论坛，2009（07）：73-79.

［28］李竟成，赵守国. 董事会结构与公司治理绩效的实证分析［J］. 商业研究，2006（17）：85-87.

［29］李民. 上市公司董事年龄异质性与业绩波动实证研究［J］. 预测，2012，31（05）：64-67.

［30］李四海，江新峰，宋献中. 高管年龄与薪酬激励：理论路径与经验证据［J］. 中国工业经济，2015（05）：122-134.

［31］李文贵. 银行关联、所有权性质与企业风险承担［J］. 财经理论研究，2015（05）：83-91.

［32］李忆，桂婉璐，刘曜. 家长式领导对双元创新的影响：与企业战略匹配［J］. 华东经济管理，2014，28（01）：113-118.

［33］李长娥，谢永珍. 董事会权力层级、创新战略与民营企业成长［J］. 外国经济与管理，2017，39（12）：70-83.

［34］李左峰，张铭慎. 政府科技项目投入对企业创新绩效的影响研究：来自我国95家创新型企业的证据［J］. 中国软科学，2012（12）：123-132.

［35］李维安，李元祯. 中国公司治理改革逻辑与趋势［J］. 董事会，2020（Z1）：31-35.

［36］刘诚，杨继东，周斯洁. 社会关系、独立董事任命与董事会独立性［J］. 世界经济，2012，35（12）：83-101.

［37］刘桂香，王百强，王柏平. 独立董事的独立性影响因素及治理效果研究：基于董事会投票的证据［J］. 科学决策，2014（01）：15-26.

［38］刘和东. 中国工业企业的创新绩效及影响因素研究：基于DEA-Tobit两步法的实证分析［J］. 山西财经大学学报，2010，32（03）：68-74.

［39］刘家松，张博，罗琦. 外资参股、董事会特征与商业银行经营绩效：基于中国121家商业银行的实证分析［J］. 中国管理科学，2019，27（09）：119-129.

[40] 刘新梅,韩骁,白杨,等.控制机制、组织双元与组织创造力的关系研究[J].科研管理,2013,34(10):1-9.

[41] 刘新民,孙田田,王垒.创业公司的资本结构选择:基于管理层和董事会群体决策的视角[J].首都经济贸易大学学报,2019,21(02):82-92.

[42] 刘振杰,顾亮,李维安.董事会非正式层级与公司违规[J].财贸研究,2019,30(08):76-87.

[43] 刘智强,李超,廖建桥,等.组织中地位、地位赋予方式与员工创造性产出:来自国有企事业单位的实证研究[J].管理世界,2015(03):86-101.

[44] 罗党论,甄丽明.民营控制、政治关系与企业融资约束:基于中国民营上市公司的经验证据[J].金融研究,2008(12):164-178.

[45] 马连福,高塬,杜博.隐性的秩序:董事会非正式层级研究述评及展望[J].外国经济与管理,2019,41(04):111-125.

[46] 马连福,张琦,王丽丽.董事会网络位置与公司技术创新投入:基于技术密集型上市公司的研究[J].科学学与科学技术管理,2016,37(04):126-136.

[47] 马如静,唐雪松.学者背景独立董事、公司业绩与CEO变更[J].财经科学,2016(09):77-87.

[48] 彭正龙,何培旭,李泽.战略导向、双元营销活动与服务企业绩效:市场竞争强度的调节作用[J].经济管理,2015(06):75-86.

[49] 曲丽清.董事会规模与运作效率关系的实证分析[J].经济问题探索,2007(02):181-186.

[50] 饶育蕾,王建新.CEO过度自信、董事会结构与公司业绩的实证研究[J].管理科学,2010,23(05):2-13.

[51] 申慧慧,于鹏,吴联生.国有股权、环境不确定性与投资效率[J].经济研究,2012,47(07):113-126.

[52] 舒成利,胡一飞,江旭.战略联盟中的双元学习、知识获取与创新绩效[J].研究与发展管理,2015(06):97-106.

［53］宋晶，陈菊红，孙永磊. 双元战略导向对合作创新绩效的影响研究：网络嵌入性的调节作用［J］. 科学学与科学技术管理，2014，35（06）：102-109.

［54］王化成，程小可，佟岩. 经济增加值的价值相关性：与盈余、现金流量、剩余收益指标的对比［J］. 会计研究，2004（05）：75-81.

［55］王凯，常维. 董事会非正式层级如何影响公司战略变革？［J］. 首都经济贸易大学学报，2018，20（03）：87-94.

［56］王兰云，苏磊. 战略人力资源管理一致性与组织绩效的关系研究：双元创新能力的中介作用［J］. 科技管理研究，2015，35（09）：173-179.

［57］王庆娟，张金成. 工作场所的儒家传统价值观：理论、测量与效度检验［J］. 南开管理评论，2012，15（04）：66-79.

［58］王是业，杜国臣. 战略管理研究中的组织地位：内涵、演进和影响［J］. 外国经济与管理，2015，37（05）：65-74.

［59］王益民，王艺霖，程海东. 高管团队异质性、战略双元与企业绩效［J］. 科研管理，2015，36（11）：89-97.

［60］卫旭华，邵建平，王傲晨，等. 组织成员地位的形成及影响机制［J］. 心理科学进展，2017，25（11）：1972-1981.

［61］卫旭华，刘咏梅，陈思璇. 组织等级：基本概念及作用机理［J］. 心理科学进展，2015，23（08）：1467-1479.

［62］温忠麟，叶宝娟. 中介效应分析：方法和模型发展［J］. 心理科学进展，2014，22（05）：731-745.

［63］吴亮，刘衡. 资源拼凑与企业创新绩效研究：一个被调节的中介效应［J］. 中山大学学报（社会科学版），2017，57（04）：193-208.

［64］吴亮，赵兴庐，张建琦. 以资源拼凑为中介过程的双元创新与企业绩效的关系研究［J］. 管理学报，2016，13（03）：425-431.

［65］吴龙吟，谢永珍，陈婉莹. 论公司理论的形成和再认识［J］. 山东社会科学，2020（05）：129-135.

［66］武立东，江津，王凯. 董事会成员地位差异、环境不确定性与企业投资行为［J］. 管理科学，2016，29（02）：52-65.

［67］武立东，王凯，黄海昕．组织外部环境不确定性的研究述评［J］．管理学报，
2012，9（11）：1712-1717．

［68］武立东，薛坤坤，王凯．非正式层级对董事会决策过程的影响：政治行
为还是程序理性［J］．管理世界，2018，34（11）：80-92．

［69］项慧玲．独立董事海外背景、内部薪酬差距与企业绩效［J］．华东经济管理，
2019，33（10）：129-137．

［70］肖丁丁，朱桂龙．跨界搜寻对组织双元能力影响的实证研究：基于创新
能力结构视角［J］．科学学研究，2016，34（07）：1076-1085．

［71］谢永珍，张雅萌，吴龙吟，等．董事地位差异、决策行为强度对民营上
市公司财务绩效的影响研究［J］．管理学报，2017，14（12）：1767-
1776．

［72］谢永珍，张雅萌，张慧，等．董事会正式、非正式结构对董事会会议频
率的影响：非正式沟通对董事会行为强度的调节作用［J］．外国经济与
管理，2015，37（04）：15-28．

［73］谢子远，黄文军．非研发创新支出对高技术产业创新绩效的影响研究
［J］．科研管理，2015，36（10）：1-10．

［74］徐向艺，张立达．上市公司股权结构与公司价值关系研究：一个分组检
验的结果［J］．中国工业经济，2008（04）：102-109．

［75］严若森．双重委托代理结构：逻辑起点、理论模型与治理要义［J］．学
术月刊，2009，41（11）：75-81．

［76］严若森，贾伟娟．人性假设与公司治理："治理人"假设的提出［J］．
人文杂志，2015（01）：45-51．

［77］严若森，张会锐．董事选拔的多重决定因素：国际经验与中国路径
［J］．武汉大学学报（哲学社会科学版），2017，70（02）：38-51．

［78］叶康涛，祝继高，陆正飞，等．独立董事的独立性：基于董事会投票的
证据［J］．经济研究，2011，46（01）：126-139．

［79］叶玲，管亚梅．董事会隐性层级、公司投资行为及效率：基于我国A股
上市公司的实证检验［J］．财经理论与实践，2016，37（05）：43-49．

[80] 于东智，池国华. 董事会规模、稳定性与公司绩效：理论与经验分析 [J]. 经济研究，2004（04）：70-79.

[81] 袁建国，后青松，程晨. 企业政治资源的诅咒效应：基于政治关联与企业技术创新的考察 [J]. 管理世界，2015（01）：139-155.

[82] 张高旗，孙秀丽，赵曙明. CEO谦卑领导行为对组织双元性的影响研究：包容氛围的中介作用 [J]. 当代财经，2020（08）：89-100.

[83] 张根明，陈佩. 竞争环境下市场导向和创业导向对中小企业双元性活动的影响 [J]. 科技进步与对策，2015，32（03）：80-84.

[84] 张洪刚，赵全厚. 政治关联、政治关联成本与财政补贴关系的实证研究：来自深、沪证券市场的经验数据 [J]. 当代财经，2014（04）：108-118.

[85] 张建琦，安雯雯，尤成德，等. 基于多案例研究的拼凑理念、模式双元与替代式创新 [J]. 管理学报，2015，12（05）：647-656.

[86] 张维今，李凯，王淑梅. CEO权力的调节作用下董事会资本对公司创新的内在机制影响研究 [J]. 管理评论，2018，30（04）：70-82.

[87] 张小宁. 报酬、持股与绩效 [J]. 科学决策，2002（09）：55-59.

[88] 张耀伟，陈世山，李维安. 董事会非正式层级的绩效效应及其影响机制研究 [J]. 管理科学，2015，28（01）：1-17.

[89] 张玉利，李乾文. 公司创业导向、双元能力与组织绩效[J]. 管理科学学报，2009，12（01）：137-152.

[90] 张玉明，赵瑞瑞，徐凯歌. 知识共享背景下众包与新创企业创新绩效：基于双元学习的中介作用 [J]. 中国科技论坛，2019（09）：136-145.

[91] 赵锴，杨百寅，李全. 战略领导力、双元性学习与组织创新：一个理论模型的探析 [J]. 科学学与科学技术管理，2016，37（03）：168-180.

[92] 钟昌标，黄远浙，刘伟. 新兴经济体海外研发对母公司创新影响的研究：基于渐进式创新和颠覆式创新视角 [J]. 南开经济研究，2014（06）：91-104.

[93] 周俊，薛求知. 组织双元性的培育与效应：组织学习视角[J]. 科研管理，2014，35（02）：87-93.

［94］周晓虹. 孝悌传统与长幼尊卑：传统中国社会的代际关系［J］. 浙江社会科学，2008（05）：77-82.

［95］祝继高，叶康涛，陆正飞. 谁是更积极的监督者：非控股股东董事还是独立董事？［J］. 经济研究，2015，50（09）：170-184.

［96］邹海亮，曾赛星，林翰，等. 董事会特征、资源松弛性与环境绩效：制造业上市公司的实证分析［J］. 系统管理学报，2016，25（02）：193-202.

［97］徐守任. 营销探索与开发及其双元性对企业绩效的影响机制：基于中国国际化公司的实证研究［D］. 天津：南开大学，2014.